nuvarande

Christoph Krachten

Tesla oder: Wie Elon Musk die Elektromobilität revolutioniert

Impressum

Christoph Krachten
Tesla oder: Wie Elon Musk die Elektromobilität revolutioniert

Sanderstraße 29
12047 Berlin

1. Auflage, Juli 2021
Lektorat: Wort für Wort GmbH & Co. KG
Fachlektorat: Frank Zons
Cover: bureau brut, Köln
Gestaltung und Satz: bureau brut GbR, Köln
Gesamtherstellung nuvarande Verlagsgesellschaft mbH
Printed in Poland
ISBN 978-3-98577-000-7

Inhalt

Vorwort

Dieses Buch sollten Sie nicht lesen, wenn es nach der deutschen Autolobby gegangen wäre. Eigentlich gab es einen Vertrag mit einem deutschen Fachverlag, aber der bekam kalte Füße. Konkret schrieb mir der Verlag, dass es für ihn nicht möglich sei, ein Buch zu veröffentlichen, in dem die These vertreten wird, dass Tesla eine Versöhnung von Technologie und Ökologie gelungen sei. Dies sei eine fragwürdige Aussage für einen Verlag, zu dessen Hauptgeschäftspartnern große deutsche Autokonzerne gehörten. Im weiteren Verlauf wurden dann die Fakten bezweifelt, es wurde moniert, dass meine Quellen Websites wie Tesmanian.com seien (dieses Problem habe ich in einer Viertelstunde behoben und für jeden Fakt Belege an anderer Stelle gefunden), dass bestimmte Aspekte lang, andere hingegen kurz beschrieben seien usw. Zum Schluss wurden „Gutachtende" anonym zitiert, die als renommierte Fachjournalistinnen und -journalisten mit dem Manuskript nicht zufrieden seien. Eine Kritik war, dass der Kasten über das Model S deutlich umfangreicher war als die Kästen über andere Tesla-Fahrzeuge. (Ich denke, dass ich das auch nicht ändern werde, da beim Model S als erstem Großserienauto von Tesla sehr viel Grundlegendes zu erklären ist, was bei den anderen Fahrzeugen dann nicht mehr nötig ist. Verzeihen Sie mir also dieses Missverhältnis.) Mit anderen Worten: Der Verlag wehrte sich mit Händen und Füßen gegen die Veröffentlichung und er betonte mehrfach, dass es sich nicht um eine Verschwörung handeln würde, was ich aber auch nie unterstellt habe und auch nicht unterstellen würde. Eine Verschwörung ist auch gar nicht notwendig. Ich habe einige Jahre als Motorjournalist für auto motor und sport TV bei VOX gearbeitet und kenne die Branche ganz gut. Die Motorpresse ist eine eingeschworene Gemeinschaft des Gebens und Nehmens. Tatsächlich empfinden es zahlreiche Journalistinnen und Journalisten als ein Privileg, von den Autoherstellern zu den Autopräsentationen an die schönsten Orte auf der Welt geflogen zu werden und dort bestens untergebracht und verwöhnt zu werden. Sie werden regelmäßig mit Testfahrzeugen bedacht und erhalten über ihren Presseausweis Rabatte auf Neufahrzeuge. Bei Volkswagen sind es zum Beispiel 15 Prozent Rabatt auf das Fahrzeug und 30 Prozent auf die Sonderausstattung. All das macht Tesla nicht. Mir ist deshalb absolut bewusst, dass der Widerstand gegen dieses Buch nicht aufhören wird. Deswegen danke ich Ihnen sehr, dass Sie es gekauft haben, obwohl Sie vielleicht etwas Schlechtes darüber gelesen haben. Ich kann Ihnen auf jeden Fall versprechen, dass der Inhalt minutiös recherchiert wurde und ich mir sehr viel Mühe dabei gegeben habe. Zudem berichte ich von meinen Erfahrungen während meiner ersten „unglaublichen Reise in einem total verrückten Elektroauto", die nicht ausschließlich positiv waren. Bei der Recherche bin ich auf zum Teil wirklich verblüffende Ergebnisse gestoßen. Nichts von diesen Fakten ist irgendwie geheim. Es hat gereicht, ein wenig Daten zusammenzutragen und bekannte Sachverhalte miteinander zu verknüpfen. So werden Sie erfahren, dass selbst ein Model S im Schnitt weniger Energie verbraucht als eine Fahrt im ICE 3, dass der Braunkohletagebau in Brandenburg mehr als 60-mal so viel echten Wasserverlust verursacht wie die Gigafactory in Grünheide oder dass der zusätzliche Stromverbrauch von Elektroautos minimal ist, weil pro 100 Kilometer Strecke für die Raffination von Benzin und Diesel zehn Kilowattstunden Strom benötigt werden. Über all das und einiges mehr wird hier in Deutschland ungern berichtet und es werden lieber Falschinformationen verbreitet. Der Wasserverbrauch der Gigafactory ist dafür ein typisches Beispiel. Warum der Wasserverband weiter mit einer ursprünglich beantragten Wassermenge von jährlich 3,6 Millionen Kubikmetern argumentiert, bleibt rätselhaft, weil erstens diese Menge im Moment gar nicht diskutiert wird, zweitens die zukünftige Fertigung in der, laut Tesla, größten Batteriefabrik trocken erfolgt und drittens für das Gewerbegebiet ein weiteres Wasserwerk gebaut wird, das einen möglichen Engpass in der Zukunft gar nicht entstehen lässt. Sprich: Ich habe das alles nachrecherchiert und versuche nicht, durch das Weglassen wichtiger Informationen einen falschen Eindruck zu erwecken. Deswegen gibt es in diesem Buch auch eine Menge Kritik an Tesla, aber eben nur da, wo sie berechtigt ist. Zum Beispiel habe ich mit ehemaligen Mitarbeitenden gesprochen und ihre Arbeitsbedingungen waren nicht unbedingt familienfreundlich. Tesla versucht mit allen Mitteln, Gewerkschaften herauszuhalten – und damit eine wichtige Interessenvertretung der Beschäftigten. Es gibt technische Probleme, der Service hat Verbesserungspotential usw. Das ändert aber nichts daran, dass Tesla mit seinen Superchargern das beste Ladenetz hat, die beste Software, beeindruckende Autos herstellt und eben tatsächlich Umwelt und Technologie zusammenbringt. Und wenn der Verlag dann gerne hätte, dass ich schreibe, dass das eben nicht der Fall sei, dann muss ich dem widersprechen. Teslas verlieren nicht deutlich an Reichweite, wenn man mit maximaler Geschwindigkeit unterwegs ist. Das liegt ganz einfach daran, dass man in Deutschland gar nicht so oft mit Höchstgeschwindigkeit fahren kann und so eben nur auf maximal 120 bis 130 km/h im Durchschnitt kommt. Und dann muss ich auch anmerken, dass es nicht okay ist, mit 250 km/h auf der Autobahn unterwegs zu sein. Schon über der Richtgeschwindigkeit von 130 km/h kann man davon ausgehen, mit 20 Prozent an den Unfallkosten beteiligt zu werden, weil so hohe Geschwindigkeiten einfach nicht sicher sind. Selbst wenn Verkehrsaufkommen, Wetter und Straßenbeschaffenheit es erlauben würden, bleiben zu viele Unwägbarkeiten, die bei solchen Geschwindigkeiten Lebensgefahr bedeuten. Ein lieber Freund und Kollege hat auf diese Weise durch eine Windbö seinen Tod gefunden. Wobei das Model S bei dieser Geschwindigkeit über eine deutlich bessere Straßenlage verfügt als so manche große deutsche Luxuslimousine und sicherer fährt. Teslas können sich nur schwer überschlagen. Darauf gehe ich näher ein im Kapitel über die erheblichen Vorteile der Konstruktion eines Elektroautos gegenüber einem Verbrenner. Ich werde mich also in diesem Buch nicht an den Verschwörungstheorien über Tesla beteiligen. Alle Fakten in diesem Buch sind also belegt und auch auf Plausibilität überprüft. Überall da, wo ich Zweifel hatte, habe ich mehrfach nachrecherchiert oder auch nachgerechnet, habe mit Fachleuten gesprochen und Daten von Motorjournalistinnen und -journalisten gegenchecken lassen. Dabei bin ich auf zum Teil verblüffende Ergebnisse gestoßen. Ich bin Wissenschaftsjournalist und deshalb den Umgang mit harten Fakten gewohnt. Recherchieren Sie gerne nach. Die Quellen finden Sie über einen QR-Code und so können Sie selbst alles überprüfen. Ich freue mich auf Nachrichten von Ihnen mit weiteren Informationen. Schreiben Sie mir gerne unter tesla@nuvarande.de. Das Buch werde ich in weiteren Auflagen ständig aktualisieren und ergänzen.

Teslas laden an Superchargern

Foto: Christoph Krachten

1

Alles, was Sie über Tesla wissen wollen, obwohl Sie nie auf die Idee gekommen wären, danach zu fragen!

Aufgewachsen bin ich in der goldenen Nachkriegszeit, Generation Babyboomer, Jahrgang 63. Schon in meiner Jugend begannen die Menschen, Dinge zu hinterfragen, zu protestieren. Hoimar von Ditfurth erklärte im ZDF erstmals einer größeren Öffentlichkeit den Klimawandel. Zu dieser Zeit nahm ich mit zwei Freunden am Wettbewerb Jugend forscht teil und wir untersuchten den Strunder Bach, ein kleines Rinnsal, das von Bergisch Gladbach bis nach Köln floss und auf dem Weg die Abwässer zahlreicher Industriebetriebe aufnahm. Wir gewannen einen Sonderpreis für die Erforschung der Umwelt. Die Grünen wollten in den Bundestag und der Rhein wurde immer sauberer. Auf der einen Seite nahm Umweltschutz einen immer größeren Raum in der Politik ein, auf der anderen Seite begann ein dramatischer technologischer Wandel. Meine Generation wuchs in einem vermeintlichen Konflikt zwischen Ökologie und Technologie auf. An der Nordsee baute ein Konsortium eine für damalige Verhältnisse riesige Windkraftanlage, die nicht funktionierte, den Growian. Die Abkürzung stand für Großwindanlage. Böse Zungen behaupteten, dass sie nur gebaut wurde, um zu beweisen, dass Windkraftanlagen nicht funktionieren. Errichtet wurde die Anlage von der Maschinenbaufirma MAN, dem Institut für Aerodynamik und Gasdynamik der Universität Stuttgart und der Universität Regensburg. 1983 wurde sie in Betrieb genommen und stand bis zum Betriebsende 1987 die meiste Zeit still. 1987 kam auch das erste Serien-Elektroauto heraus, der Mini-El aus Dänemark, ein Kabinenroller mit einem Sitzplatz, und zwei Kinder fanden noch mit dem Rücken zur Fahrtrichtung Platz. Es war also weniger ein Auto als eine fahrende Kiste. Und sie war so schlecht konstruiert, dass die Verkaufszahlen nach anfänglichen Rekorden einbrachen und das Unternehmen in die Pleite rutschte. Ein deutscher Elektroauto-Enthusiast sammelte

Geld und holte die Produktionsanlagen nach Deutschland. Er verbesserte das Fahrzeug immer weiter, aber beließ es bei einer sehr einfachen Bauweise. Das in CityEL umbenannte Fahrzeug war so einfach konstruiert, dass man Selbstbaukurse absolvieren konnte, um sich seinen eigenen CityEL zu bauen. Aber auch dieser Unternehmer musste mit seiner Firma Citycom Insolvenz anmelden. Der Kabinenroller war im Tesla-Zeitalter einfach nicht mehr zeitgemäß. Trotzdem kann man Karl Nestmeier nicht genug danken dafür, diese Vision gegen alle Widerstände aufrechterhalten zu haben. Er hat-

Der CityEL Foto: Christoph Krachten

te – fast wie ein kleiner Elon Musk – eine für die Verhältnisse des CityEL gigantische Fabrik gebaut. Doch dieses Fahrzeug war halt ökologisch im besten Sinne, klein, sparsam, langsam und mit einer traurigen Reichweite von real 20 Kilometern. Als jemand, der ökologisch und technologisch interessiert war, empfand ich in dieser Zeit eine gewisse Schizophrenie. Technologie vs. Ökologie. Dass irgendwann mal ein Genie kommen würde, um beides zu vereinen, das hätte ich im Traum nicht für möglich gehalten. Als ich Anfang der 80er Jahre vor einem der ersten Homecomputer, dem ZX81, saß oder den ersten Rechner mit Magnetblasenspeicher ausprobierte, den ersten Tabletcomputer mit Windows Pen, das erste Mobiltelefon – da schwang auch immer ein schlechtes Gewissen mit. Man hatte immer das Gefühl, etwas Falsches zu tun, und konnte den ökologischen Wandel nur mit angezogener Handbremse voranbringen. Mein erster Neuwagen war ein 2CV, eine Ente von Citroën. Werbespruch: „I fly bleifrei!" Ein Gefährt (Auto konnte man es nicht so richtig nennen, dafür fehlte zu viel oder war einfach nicht praktikabel, wie zum Beispiel ein Autoradio – dafür war die Ente einfach zu laut), das mit einigen Modifikationen zur Urversion der ersten Fahrzeuge gehörte, deren Motor bleifreies Benzin akzeptierte. Damals ein großer Fortschritt, das Nonplusultra der ökologischen Fortbewegung. Später war es dann ein VW Sharan, den ich auf Biosprit umrüsten ließ. Aber dann, Ende der 90er Jahre, wagte ich den großen Schritt zum kleinen Elektrofahrzeug und kaufte mir einen CityEL für den täglichen Weg in die Stadt und zurück. Zur gleichen Zeit hatte auch General Motors ein damals revolutionäres Elektrofahrzeug auf den Markt gebracht, den EV1. Ein wenig blitzte damals schon die Annäherung von Technologie und Ökologie auf. Der Autokonzern wollte damit den neuen kalifornischen Umweltgesetzen gerecht werden.

Aber die Autokonzerne kämpften zugleich gegen diese Gesetze und kippten sie dann auch. Die EV1, die man von General Motors nur leihen konnte, wurden wieder eingesammelt und verschrottet. Das Ende des Elektroautos ... damals. Und wir, die wir in dem Spannungsfeld zwischen Ökologie und Technologie aufwuchsen, mussten dort erstmal verbleiben. Dabei wussten wir sehr genau, dass es nicht sein konnte, dass das alles nicht funktionierte. Viele von uns waren schon damals, wie heute die Schülerinnen und Schüler mit Fridays for Future, sehr an Wissenschaft und Technologie interessiert und eben auch an Ökologie. Wir, die den Mathe- und Physik-Leistungskurs belegten, waren keine Rüdigers mit Aktenkoffer, sondern Ökos mit Schlabberhemd und Jutebeutel. Schon damals war uns eigentlich klar, dass Technologie ein Teil der Lösung sein könnte, aber wir jungen Menschen hatten da nichts zu melden. Wobei sich mir durch meine Jugend-forscht-Arbeit eine einmalige Möglichkeit bot. Ich fing mit 17 als Reporter beim Westdeutschen Rundfunk an. Ich lernte schnell, dass Medien durch gut recherchierte aufklärerische Arbeit ihren Beitrag dazu leisten können, die Welt ein bisschen besser zu machen. Und auch an meiner Schule trieb ich den Medienwandel voran und produzierte mit „Negrom" die erste Schülerzeitung auf Video, die mich in den 80er Jahren eine gewisse Bekanntheit erlangen ließ. In den Medien hatte ich schnell meinen Platz gefunden und brachte es immerhin in die Redaktion einer der erfolgreichsten deutschen Fernsehsendungen in den 90er Jahren: Schreinemakers live. Für mich waren die Medien mein Platz, wo ich die Chance sah und bis heute nutze, Menschen aufzuklären hinsichtlich der Versuche der Konzerne und Lobbyisten, Technologie und Ökologie gegeneinander auszuspielen. Denn auch wenn Ökologie inzwischen mit Technologie vorangetrieben wird, viele sehen darin immer noch einen Gegensatz und sie hängen stoisch an alten Technologien, wie an einer Religion. Sie beten alles an, was raucht, qualmt und knattert, und das wider besseres Wissen. Wenn Betrugssoftware entwickelt wird, um eine aussterbende Technologie am Leben zu erhalten, dann ist das nicht nur irrational, sondern entlarvt einen nahezu religiösen Eifer, an der „guten" (eigentlich schlechten) alten Zeit festzuhalten.

Es ist vier Uhr morgens. Gerade haben Felix Bahlinger vom YouTube-Kanal Felixba, Volker Quaschning, Professor für erneuerbare Energien, und ich eine Petition für Elektromobilität auf change.org gestartet. Es ist mühsam, weil das Thema Ladenetz, um das es geht, nicht gerade das emotional mitreißendste ist. Wir wollen mit der Petition vor allem erreichen, dass das Ladenetz für Menschen, die ihr E-Auto nicht von Tesla gekauft haben, endlich verbessert wird, damit sie nicht bei ihrem ersten Urlaub mit dem E-Auto entnervt aufgeben. Aber wir haben vielleicht ein wenig von dem Pioniergeist, den Elon Musk hatte, als auch er sich einer scheinbar unlösbaren Aufgabe gegenübersah. Und wie schwierig diese Aufgabe ist, erkennt man, wenn man all diejenigen beobachtet, die ihm nacheifern. Dabei hat Musk die Patente von Tesla 2014 freigegeben. Aber selbst mit dieser Pionierarbeit ist es nahezu unmöglich, etwas so Großes wie einen Autohersteller aus dem Boden zu stampfen. Nicht von ungefähr ist Tesla seit 100 Jahren der einzige Autohersteller in der westlichen Welt, der als Start-up angefangen und es bis zur Massenproduktion geschafft hat. Es gibt einfach zu viele Hürden und die größte ist die Produktion großer Stückzahlen mit einer verkaufbaren Qualität. Und vielleicht ist Musk ja ein Superhirn, das in der Lage ist, solche Herkulesaufgaben zu stemmen. Ein wenig gehört da wahrscheinlich auch ein Reality Distortion Field dazu, ein realitätsverzerrendes Feld, das spätestens seit Steve Jobs bekannt ist. Denn noch im Jahr 2021 kämpft Tesla weiterhin mit Qualitätsproblemen, über die die Tesla-Fangemeinde jedoch sehr gerne hinwegsieht. Aber dieses Reality Distortion Field hat tatsächlich auch zum Ergebnis, dass er es geschafft hat, wiederverwendbare Raketen zu konstruieren und in Serie zu fertigen, ein Satelliten-Kommunikationsnetzwerk erfolgreich ins Weltall zu schießen, ein Gehirnimplantat zu entwickeln, das der Menschheit ermöglichen soll, Künstliche Intelligenz zu kontrollieren, das Unternehmen OpenAI mitzugründen, das mit GPT-3 eine bahnbrechende Künstliche Intelligenz entwickelt hat, und wer weiß noch was. In einem Interview hat er mal gesagt, dass er nie Ruhe findet und immer Ideen hat. Und es sind wirklich absolut geniale Ideen bei Tesla entstanden, auf die niemand sonst gekommen ist bzw. hatte niemand den Mut dazu, sie umzusetzen, oder verfügte über die entsprechenden Ressourcen. Außerdem geht es nicht nur um eine, sondern wahrscheinlich um hunderte Ideen. Dabei stammte die erste gar nicht von Tesla, sondern von AC Propulsion, der Firma, die aus dem Ökomobil Elektroauto einen Sportwagen baute, den tzero, um zu demonstrieren, was mit einem Elektroauto damals möglich war. Dann kamen allerdings die Ideen von Tesla reihenweise. Eine entscheidende, die überhaupt erst das Tor zum Elektroauto der Zukunft ebnete: das Temperaturmanagement der Batteriezellen, damit sie sich stets im optimalen Temperaturbereich befinden. Und eine weitere Idee: Tesla eröffnete schon Stores auf der ganzen Welt, als die Firma erst ein paar Roadster verkauft hatte. Auch das war eine außer gewöhnliche Idee, um frühzeitig an Autokäuferinnen und -käufer zu kommen, denn die waren es gewohnt, in ein Autohaus zu gehen.

Tesla Store München *Foto: Tesla Motors Inc.*

Der Tag, der alles änderte

Und in einem solchen Store sah ich den Tesla Roadster zum ersten Mal in München und hörte die Wasser-Glykol-Mischung um die Batteriezellen gluckern, während das Fahrzeug geladen wurde. Es war fast ein Erweckungsmoment. An diesem Tag wusste ich, dass ich mal einen Tesla fahren würde, selbst wenn ich ihn mir vom Munde absparen müsste. Es war, als würde mit dem Tesla Roadster ein Traum wahr werden. Bis zu diesem Zeitpunkt bzw. bis zu dem Tag, als ich das erste Mal vom tzero hörte, bedeutete Elektromobilität für mich Verzicht: peinlich schmale Reifen, Fahreigenschaften für Fahrerinnen und Fahrer mit Hut, Reichweiten von maximal einer Strecke zum Arbeitsplatz, auch eher nicht einem Aufprallunfall gewachsen, eher eine Notlösung als eine Lösung. Aber als ich dieses

Fahrzeug sah, eröffnete sich eine neue Welt für mich, denn plötzlich gesellten sich zu mir ganz andere Leute, die jetzt Elektroautos ausprobieren wollten. Noch waren es nicht die Schrauber, Rennautofans oder Linksfahrenden auf deutschen Autobahnen. Dafür fehlen einem Tesla einfach die Schmierstoffe. Wenn man unter einem Tesla gelegen hat, dann ist man eben nicht ölverschmiert. Unter einem Model S ist nur eine glatte Titanplatte zu sehen, die die Batterie vor Beschädigungen schützt und nach zehntausenden Kilometern und zahlreichen Bodenberührungen noch aussieht wie am ersten Tag, weil Titanlegierungen eben sehr, sehr hart sind. Es fehlt etwas für diese Leute, die wahrscheinlich eher den Pirelli-Kalender in der Werkstatt aufhängen als einen Kunstkalender. Das charakterisiert es vielleicht schon ein bisschen. Denn mit einem Tesla wird eine Gruppe von Menschen angesprochen, die sich für neue Technik interessiert, für die aber Verzicht nicht in Frage kommt. Es sind neugierige Menschen, die etwas wagen – und wenn es der Kauf eines Autos mit einer Technik ist, die es vorher so noch nicht gab, noch dazu von einem Hersteller, den es vorher nicht gab. Mit anderen Worten: Selbst wenn sie dafür die Katze im Sack kaufen müssen, von der sie nicht wissen, ob es eher eine Schmusekatze oder ein Raubtier sein wird oder etwas komplett Psychotisches, was Katzen ja auch gerne mal sind, wagen sie diesen Schritt. Es ist also schon ein bisschen eine Mischung aus verrückt, idealistisch und wagemutig, die Menschen dazu bewegt, einen Tesla zu kaufen.

Roadster

Der Tesla Roadster ist das erste Serienauto im Weltraum, dieser spezielle Tesla ist auch der erste produzierte Tesla und war an Elon Musk ausgeliefert worden. Als Testfracht für den Start der ersten Falcon-Heavy-Rakete am 6. Februar 2018 von Musks Unternehmen SpaceX gesucht wurde, kam Musk auf die Idee, den ersten Tesla weltweit Geschichte schreiben zu lassen. Und das hatte der Tesla Roadster schon zuvor geschafft: Er war das erste wirklich praktikable Elektroauto weltweit. Dagegen waren sämtliche Versuche vorab, praxistaugliche Elektroautos zu bauen, einfach nur Fehlversuche. Selbst große Autohersteller wie Peugeot/Citroën mit dem 106 electrique/Saxo oder General Motors mit dem EV1 sind krachend gescheitert. Sie konnten die eigentlichen Probleme wie Reichweite und Haltbarkeit der Batterie nicht lösen. Und der Roadster hatte zusätzlich noch atemberaubende Beschleunigungswerte. Trotzdem war es kein Großserienauto, aber immerhin ein Serienauto. Der Tesla Roadster wurde ab dem 17. März 2008 weitestgehend von Hand gefertigt. Lediglich knapp 2.500 Stück landeten auf den Straßen. Obwohl praxistauglich, war das Fahrzeug Technologieträger für viele erstmals eingesetzte Systeme, wie die gesamte Leistungselektronik und das Temperaturmanagement der Batterie.

Beide zusammen, die flüssigkeitsgekühlte Batterie und eine Elektronik, die in Sekundenbruchteilen die benötigte Energie bereitstellte, waren die Schlüsseltechniken des Roadsters und wurden dort erstmals in Serie produziert. Und es funktionierte. Zum ersten Mal zeigte sich damit, dass Elektroautos konkurrenzfähig waren, dass sie praxistauglich waren und tatsächlich längere Strecken zurücklegen konnten. Allerdings gab es noch kein Supercharger-Netz, der

Tesla Roadster 2008 *Foto: IFCAR*

Roadster lud auch nur einphasig, so dass man eine Lademöglichkeit benötigte und es dann trotzdem noch einige Stunden dauerte, den 56-Kilowattstunden-Akku vollzuladen. Und schon damals schaffte der Roadster gut 350 Kilometer Strecke mit einer Akkuladung. Das war absolut bahnbrechend 2008. Nie zuvor hatte ein Elektroauto mit diesen Fahrdaten so etwas geschafft. Und der Roadster war kein Testwagen, sondern ein Serienfahrzeug. Produziert wurde er von Lotus im englischen Hethel. Der Roadster basierte nämlich auf dem Elise von Lotus und wurde deswegen auch von Lotus gefertigt. Dabei stammte die Leistungselektronik vom Unternehmen AC Propulsion, das überhaupt zum ersten Mal einen Elektrosportwagen mit diesen Leistungsdaten als Prototyp gebaut hatte. Die Erfahrungen mit dem tzero flossen sämtlich in den Bau des Roadsters ein. Und der erreichte damit für damalige Zeiten absolute Traumwerte. Die ersten Roadster beschleunigten noch mit 5,7 Sekunden von 0 auf 100 km/h, später wurden dann 3,7 Sekunden erreicht. Damit der Akku nicht zu schnell leergesaugt wurde, war die Höchstgeschwindigkeit auf 201 km/h beschränkt. Trotzdem lag die Reichweite bei flotter Fahrt immer noch bei 200 Kilometern und es wurden sogar bis zu 500 Kilometer erreicht. Während Fachleute bemängelten, dass die Akkus schnell altern würden, ging Tesla davon aus, dass der einzige Grund für die schnelle Alterung niedrige oder hohe Temperaturen seien. Und Tesla behielt recht. Das ist schon frappierend, dass da ein junges Unternehmen eine sehr einfache Erkenntnis gewinnt und die alteingesessenen Autohersteller nicht mal im Ansatz auf diese Idee gekommen sind. Mit einfachen Versuchen hätte man das ja herausbekommen können. Jedenfalls hielten die Roadster-Batterien deutlich länger, als die skeptischen Fachleute vermuteten. Bis zu 200.000 Kilometer sind dokumentiert. Mit dem Tesla Roadster und seiner Praxistauglichkeit wurden dann so viele Erkenntnisse gewonnen, dass 2012 die Zeit reif war für ein neues Modell. Jetzt sollte es nicht mehr ein Fahrzeug für die sehr kleine Zielgruppe der vermögenden Sportwagenfreaks sein, sondern eine Familienlimousine, für die man aber immer noch etwas Kleingeld brauchte.Beim Roadster zeigt sich übrigens, wie langfristig Elon Musk plant. Die Platine hat er mit einem Schriftzug versehen lassen: „Made on Earth by

humans“. Den Plan, einen Roadster in den Weltraum zu schicken, hatte er offenbar schon 2008. Zehn Jahre später, 2018, setzt er ihn in die Tat um. Elon Musk hat also immer einen Plan, sogar einen Masterplan. Am 2. August 2006 wurde er veröffentlicht
Und der Roadster soll bald wieder aufleben. Wie das genau aussehen wird, ist allerdings ziemlich unklar, nachdem Tesla mit dem Model S Plaid+ das Serienauto mit der höchsten Beschleunigung aller Zeiten auf den Markt gebracht hat. Viel Neues kann da ein Roadster nicht bieten. Eines scheint Musk aber auf jeden Fall für den neuen Roadster zu planen: Er soll einen von SpaceX mit konstruierten Raketenantrieb mit Kaltgas bekommen. Bis zu 1,8 Meter in der Luft soll er damit „fliegen“ können.

Tesla Roadster 2022 *Foto: Smnt*

Tesla-Masterpläne

Masterplan 1 – 2. August 2006

- Build sports car
- Use that money to build an affordable car
- Use that money to build an even more affordable car
- While doing above, also provide zero emission electric power generation options

Masterplan 2 – 20. Juli 2016

- Create stunning solar roofs with seamlessly integrated battery storage
- Expand the electric vehicle product line to address all major segments
- Develop a self-driving capability that is 10X safer than manual via massive fleet learning
- Enable your car to make money for you when you aren't using it

Warten auf den Battery Day

Jetzt ist es halb fünf nachmittags und für mich dehnt sich die Zeit wie Kaugummi. Wie ein kleines Kind warte ich auf den Moment des Jahres oder sogar des Jahrzehnts. Dieser Tag wird vielleicht in die Geschichte eingehen. Es wird vielleicht der Tag sein, an dem die traditionellen Autohersteller realisieren, dass sie den Anschluss verpasst haben, dass Elon Musk sie am Nasenring durch die Manege führt: der Tesla Battery Day am 22. September 2020. Und ich sollte nicht enttäuscht werden. Enttäuscht wurden nur die Medien, die in großen Teilen die Tragweite der Präsentation nicht begriffen. Doch die Fachwelt bescheinigte den neuen Batterien einen erheblichen Vorsprung vor der Konkurrenz. Was da verkündet wurde, war nicht mehr und nicht weniger als eine Revolution. Hier wurden kaum neue Technologien präsentiert, aber die bestehende Technik wurde so optimiert, dass Batterien deutlich günstiger mit deutlich mehr Kapazität produziert werden können. Doch das ist noch Zukunftsmusik. Jetzt geht es erstmal um Grundsätzliches.

Es war ein bisschen wie bei der Präsentation des iPods von Apple: Ein MP3-Player? Da gibt es doch schon hunderte! Allerdings verstanden damals noch nicht mal die Fachleute die Revolution bei Apple. Danach krempelte der Computerhersteller die weltweite Musikindustrie um und anschließend mit dem iPhone die Kommunikation. Überhaupt scheinen bei Tesla immer wieder Parallelen zu dem Elektronikriesen aus dem Silicon Valley durch. Nur: Tesla ist noch krasser. Schon jetzt wurde die deutsche Konkurrenz von Elon Musk vorgeführt, als er den Bau der Gigafactory in Grünheide bei Berlin ankündigte und dann tatsächlich innerhalb von 18 Monaten hochzog, obwohl die meisten deutschen Fachleute aus dem Autosektor ihm zuvor bescheinigt hatten, dass das nicht ginge. Tatsächlich hatten sie einfach nur keine Ahnung, wie mir ein Bauingenieur bestätigte, der nichts anderes als Fabriken hochzieht. Fabriken können heute extrem schnell und einfach gebaut werden, weil sie ja nur „Rostschutz“ für die Maschinen seien. Zwar wird er auch hier mal

Foto: Alexander Voigt

Tesla Model Y als Zuschauerkabinen auf dem Battery Day

wieder seine ehrgeizigen Zeitvorgaben nicht erreichen. Die Produktion ist zwar nicht Mitte 2021, wie zunächst von Musk angekündigt, gestartet. Trotzdem ist das Tempo, in dem dieses Projekt hochgezogen wurde, atemberaubend. Und in dieser Fabrik würde Musk neben den PKW etwas herstellen, was die deutschen Autohersteller zuvor als unmöglich in Europa bezeichneten, weil Asien uns hier so weit voraus sei: Batterien. Musk will in Grünheide sogar die größte Batteriefabrik der Welt bauen, zusätzlich zum Autowerk. Und schon jetzt zeigt sich, dass die traditionellen Autohersteller mit dieser Blockadehaltung eine Achillesferse überhaupt erst haben entstehen lassen. So sind sie auf Bauteile von Zulieferern angewiesen, müssen auf den Erlös verzichten, verlieren Know-how und benötigen Zulieferungen aus Asien, die schon jetzt im Jahr 2021 stocken und damit die Produktion der Fahrzeuge verzögern. Die Nachfrage ist einfach zu groß. Wer die Batterien selbst oder in enger Kooperation mit Batterieherstellern produziert, der ist im Vorteil: Tesla. Zudem sind die Batteriezellen von Tesla dadurch pro Kilowattstunde rund 20 Prozent billiger als die der Konkurrenz. Elon Musks Prinzip: Rohstoffe werden angeliefert und ein fertiges Auto kommt aus der Fabrik. Das gilt natürlich nicht für jeden Knopf, aber die Sitze zum Beispiel werden in Grünheide selbst gefertigt.

Tesla ist mehr als ein Auto

Tesla ist schon heute mehr als ein Auto. Tesla ist eine neue Lebenseinstellung. Zum ersten Mal verbindet das Fahrzeug Nachhaltigkeit und Umweltschonung mit atemberaubender Technologie und Leistungsdaten, die die gängige Technik in den Schatten stellen. Mit Tesla wurde Ökologie aus der ideologischen Nische von Verzicht und Technikkritik herauskatapultiert und so wurden Menschen für regenerative Energien, Umwelt und Klimawandel begeistert, die zuvor kaum erreichbar waren. Teslas Motto: die Umwelt schonen und Spaß dabei. Nicht von ungefähr bilden die Buchstaben der vier zuerst auf den Markt gekommenen Autos das Wort S3XY. SEXY ging nicht, weil sich Ford die Namensrechte für „Model E" gesichert hatte und mit einer Klage drohte. Das ist cooles Marketing mit einem Augenzwinkern und kostet nichts. Bei der Präsentation des Model Y schallte dann auch „I'm too sexy" von Right Said Fred aus den

Boxen. Wie Apple noch vor einigen Jahren verzichtet auch Tesla auf große Marketingbudgets und kann sich Werbung und PR im wahrsten Sinne des Wortes sparen. (Gerade Ende 2020 wurde die Presseabteilung aufgelöst. Stattdessen gibt es eine Abteilung für Generierung von Nachfrage.) Und so bildet sich rund um Tesla ein kleines Universum einer vollkommen neuen Lebenseinstellung. Ökologie ist plötzlich S3XY, macht Spaß und ist so ziemlich das Innovativste, was man sich für Geld kaufen kann.

Tesla reißt mit

Und so reißt Tesla die Menschen mit: Der Hildener Bäckermeister Roland Schüren hat auf eigene Faust den größten Ladepark Deutschlands gebaut und Tesla ist mit an Bord. Hansjörg-Eberhard Freiherr von Gemmingen-Hornberg triggert seinen Tesla ganz besonders und so ist sein Model S weltweit das erste, das eine Million Kilometer zurücklegt hat. Inzwischen liegt er bei 1,3 Millionen Kilometern. Und Alex Bangula ist vom Model 3 so elektrisiert, dass er es, nachdem er es nur einmal gesehen hatte, direkt kaufte und zeitgleich einen erfolgreichen YouTube-Kanal dazu startete, der Name: „Elektrisiert". Teslas elektrisieren tatsächlich eine ganze Generation – und das Verrückte: Diese Generation zieht sich durch alle Generationen. Bei einer Marktstudie zur Kundenzufriedenheit mit dem Model 3 in den USA erhielt das Fahrzeug in allen Altersgruppen Bestnoten. Egal ob die Silent Generation, die zwischen 1928 und 1945 geboren wurde, die Babyboomer zwischen 1946 und 1964, die Generation X von 1965 bis 1980 oder die Generation Y von 1981 bis 1996 – alle wählten das Model 3 auf Platz eins. Tesla bringt also Menschen zusammen und schafft eine vollkommen neue Gemeinschaft. Das wird sich weltweit auf den Umgang mit Ökologie, Ökonomie und dem Klimawandel auswirken.

Was Teslas so besonders macht

Und das sind die Folgen eines absolut revolutionären Fahrzeugkonzepts. Teslas sind nicht einfach nur Elektroautos, sondern fahrende Innovationsträger. Was die Konkurrenz tatsächlich in Angst und Schrecken versetzt, ist die Computertechnik in einem Tesla. Statt 80 bis 100 Steuergeräten für jede einzelne Funktion wie Klimaanlage, ESP, Fensterheber, Scheibenwischer, ABS usw. haben Teslas nur ein einziges: einen Hochleistungscomputer, der alles zentral steuert. Das ist so revolutionär und vereinfacht so vieles, dass der Kabelbaum in einem Tesla demnächst von einem Roboter verlegt werden kann. Die Kabel sind dann nicht mehr wie im Model S drei Kilometer lang, sondern 100 Meter. In einem VW, BMW oder Mercedes wäre das undenkbar. Dann: Die Beschleunigung der Fahrzeuge ist atemberaubend. Selbst in der einfachsten Version beschleunigt das Model 3 in 5,6 Sekunden von 0 auf 100 km/h. Das ist deutlich flotter als bei einem Golf GTI mit 6,3 Sekunden. Die Fahrzeuge verfügen über acht Kameras, um den Verkehr rundherum zu beobachten und darauf zu reagieren. Und nicht zuletzt hat Tesla das große Problem des Elektroantriebs gelöst, das die konventionellen Autobauer noch nicht mal erkannt hatten: das Temperaturmanagement der Batterie. Tesla hat es erstmals für den Roadster entwickelt und sich als einziger Autohersteller ernsthaft Gedanken dazu gemacht, wie Batterien behandelt werden müssen, damit sie in dem Temperaturbereich arbeiten, den die Batteriehersteller vorgegeben haben. Tesla baute als Erstes ein Kühl- und Heizsystem in die Wagen ein und konnte so eines der großen Hemmnisse für die Verbreitung von Elektroautos eliminieren: Die Reichweite sinkt bei Kälte nicht mehr dramatisch bis zur Unbrauchbarkeit. Und mit all diesen Innovationen sind Teslas mehr als Autos. Sie sind Technologieträger und ein Blick in die Zukunft. Sie verändern unsere Sicht auf die Welt. Und auch ganz konkret in der Realität: Wenn irgendein Sportwagen auf der Autobahn dicht auffährt und man im Tesla das Gaspedal antippt, wird man sich wundern, warum die anderen Autos den Rückwärtseingang einlegen. Und das neue Model S Plaid+ ist weltweit absolut konkurrenzlos: Es ist mit einer Spitzengeschwindigkeit von 320 km/h und vor allem einer Beschleunigung von 2 Sekunden von 0 auf 100 km/h das schnellste Auto der Welt, das in Großserie gebaut wird.

Kursziel 10.000 Dollar

In diesem Buch erfahren Sie, wie und warum Tesla die Welt verändert, was das mit den Menschen macht und welche Innovationen in den Teslas stecken. Es zeigt auf, dass mit Tesla nicht irgendein Autohersteller gegründet wurde, sondern dass Tesla bereits begonnen hat, den Markt und unsere Welt umzukrempeln. Nicht um sonst hält so mancher Analyst im Moment ein Kursziel von 10.000 Dollar für die Aktie für realistisch. Denn Tesla will nicht nur Autos bauen. Das Ziel von Tesla ist vielmehr, die Abhängigkeit von fossilen Brennstoffen zu überwinden und eine emissionsfreie Zukunft zu verwirklichen.

Die unglaubliche Reise in einem total verrückten Elektroauto

Es sollte die verrückteste Reise meines Lebens werden und mir das Gefühl geben, ein wirklicher Pionier zu sein. Dabei wollte ich einfach nur Auto fahren, aber eines der am weitesten entwickelten Elektroautos weltweit mit der höchsten Reichweite. Schon in den 90er Jahren hatte ich derartige Versuche in viel kleinerem Rahmen gestartet und war krachend gescheitert. Nicht selten war ich liegen geblieben und musste mir irgendwoher Strom aus einer Haushaltssteckdose organisieren. Ich war also die Erniedrigung eines E-Auto-Pioniers gewohnt und rechnete auch bei dieser Tour mit der ein oder anderen unangenehmen Überraschung. Und diese Überraschungen kamen auch, aber ganz anders, als ich gedacht hatte. Dabei führt für mich an der Elektromobilität kein Weg vorbei.

TESLA
TESLA.COM

2

Elektromobilität

Wie will ich von A nach B kommen und dabei die Umwelt am wenigsten schädigen? Es gibt hunderte Antworten auf diese Frage, aber wenn das Ganze noch schnell gehen soll, dann gab es bisher nur eine Antwort: mit dem Zug. Erst mit Tesla gesellte sich eine zweite Antwort dazu: mit dem Elektroauto.

Das Batterieproblem

Das Elektroauto kann zwar bei der Effizienz absolut mit dem Zug mithalten. Und es existiert schon länger als Verbrennerautos, E-Autos wurden nämlich vor den Verbrennern erfunden. Doch sie hatten seit ihrer Erfindung ein unlösbares Problem: die Batterie. Es dauerte nicht nur sehr lange, bis sie geladen war, sie alterte auch schnell und die Energie konnte nur sehr langsam abgegeben werden (je nach Batterietyp zudem nur zur Hälfte), was die Fahrleistungen in einem überschaubaren Rahmen hielt. Die traditionellen Autohersteller waren sich Ende des 20. und Anfang des 21. Jahrhunderts sicher: All diese Probleme seien nur mit erheblichem Zeit- und Geldaufwand zu lösen. Sie gingen diese Probleme erst gar nicht an. Deshalb bildete sich zunächst eine kleine und eingeschworene Gemeinschaft Elektroauto-... man muss sagen ...Verrückter. Sie verzichteten auf Komfort, Fahrleistungen, Reichweite usw. Es waren Pioniere, aber weniger im Sinne von Abenteuer als im Sinne von Starrsinn oder auch Mut der Verzweiflung. Ich fahre seit rund 20 Jahren Elektroautos und kann mit dem Wort Reichweitenangst nicht so recht etwas anfangen. Ich hatte keine Angst mehr davor, weil ich oft genug wegen leerer Batterien liegen geblieben war. Ich war (leider) daran gewöhnt. Der Bleigelakku meines ersten CityEL alterte nämlich kontinuierlich, weswegen das Ende manchmal etwas überraschend kam. Das Fahrzeug wurde immer langsamer und blieb dann einfach stehen. Da bekam Entschleunigung eine ganz konkrete Bedeutung. Im Winter gab es im CityEL keine Heizung. Da wurde nicht nur die Reichweite immer geringer, sondern auch die Temperatur im Auto. Und man lernt schnell, dass die Wirkung von Thermounterwäsche nur begrenzt ist, wenn man sich nicht bewegt. Das Wort Auto war für das Dreirad ein Euphemismus. Wer sich noch an den Messerschmitt-Kabinenroller erinnert, hat eine Vorstellung von der Größe. Vorne passte eine Person vor das Lenkrad und hinten konnten meine beiden kleinen Töchter mit dem Rücken zur Fahrtrichtung sitzen.

Leidenschaft, die Leiden schafft

Es gehörte also eine Menge Idealismus und Leidensfähigkeit dazu, im Jahr 2000 ein Elektroauto zu fahren. Aber ich wollte schon immer innovative Dinge ausprobieren. Und beim Elektroauto wollte ich mit einer gewissen Beharrlichkeit demonstrieren, dass es geht. Sieben Jahre später gehörte ich auch zu den Ersten, die ein iPhone kauften. Allerdings gab es zwischen iPhones und Elektroautos einen erheblichen Unterschied. Das iPhone war praxistauglich. Es war bei mir also auch eine Mischung aus Starrsinn und Mut der Verzweiflung hinsichtlich meines Elektrofahrzeugs vorhanden. Und selbst damals konnte man sich schon klimaneutral fortbewegen, wenn man das Fahrzeug mit Ökostrom lud. Und es hat eine Menge Spaß gemacht. Das Gefühl, mit einem Antrieb zu fahren, den nahezu alle für nicht funktionstüchtig hielten, war schon damals unbeschreiblich. Es funktionierte, zwar mit ein paar Einschränkungen, aber es war eben möglich. Und ich konnte es täglich demonstrieren. Außerdem gab es ja auch schon einige Fahrzeuge. Auf der Tour de Ruhr konnte man sie alljährlich bestaunen. Auch das war eine Demonstration der Praxistauglichkeit von E-Autos. Ein Wochenende lang fuhren wir mit einigen dutzend Elektroautos durch das Ruhrgebiet und an jeder Station wurde geladen und der Stromverbrauch gemessen. Gewonnen hatte das Fahrzeug mit dem geringsten Stromverbrauch pro Kilometer. Und da gab es regelmäßig nur einen: Gewinner war

Ladestopp bei der Tour de Ruhr *Foto: Christoph Krachten*

immer ein Twike. Auch das war ein revolutionäres Fahrzeug. Ausgestattet mit einem Elektroantrieb und einem Fahrradantrieb erreichte das Twike ziemlich spektakuläre Fahrdaten. Und wer ordentlich in die Pedale trat, konnte mit einem sehr geringen Stromverbrauch fahren. Über den alljährlichen Gewinner frotzelten wir: „Der fährt mit einer leeren Batterie los und kommt mit einer vollen an!" Egal ob wir den Hotzenblitz, ein von der Schokoladenfamilie Ritter finanziertes E-Auto-Projekt, den CityEL oder das Twike fuhren – wir hatten alle diesen beharrlichen Pioniergeist: „Und es geht doch!" Und es ging ja auch mit kleinen oder großen Einschränkungen, je nach Sichtweise. Einmal war bei mir im Büro eine Deutschlandtournee von Elektroautos zu Gast. Auch eine Demonstration der Praxistauglichkeit von E-Mobilität. Ladesäulen gab es damals nicht. Also mussten die Fahrenden an jeder Ecke Strom schnorren. Ich stellte ihnen in verschiedenen Stromkreisen ausreichend Strom zum Laden bereit. Nach ein paar Stunden waren Stecker und Steckdose dort, wo der VW Golf Citystromer angeschlossen war, zerschmolzen. Wir waren halt Pioniere. Da hatte man einen kleinen Preis zu zahlen. Aber wir waren die Ersten, die sich klimaneutral fortbewegen konnten. Das war es uns wert. Denn das ist genau die Frage, die wir uns damals stellten: Welchen Preis muss man zahlen, um eben möglichst umweltschonend zu leben? Ich fand, es war ein kleiner Preis.

Elektroautos sind ausgereift

Mit modernen Elektroautos ist der Preis aus dieser Perspektive nicht mehr vorhanden. Die Nachteile heute sind nur noch vermeintliche Nachteile. Elektroautos sind in der Anschaffung teuer, aber im Laufe ihres Autolebens holen sie das mehr als auf. Die Leistungsdaten sind inzwischen atemberaubend und was wirklich aus der damaligen Perspektive unglaublich ist: Alle Probleme der Batterie hat man weitgehend im Griff. Haltbarkeit, Ladezeit und auch Leistungsdaten sind aktuell wirklich beeindruckend und sie werden ständig verbessert. Für mich ist es heute keine Frage mehr, ein Elektroauto zu fahren. Sie sind meiner Meinung nach die besten Fahrzeuge auf dem Markt, mit absolut erstaunlichen Leistungsdaten, und sie schonen die Umwelt. Mehr geht nicht!

Model S

Während der Tesla Roadster noch als Spielerei für ein paar Multimillionäre galt, läutete die nächste Nachricht des Elektroautobauers eine neue Ära ein. Tesla wollte ein ganz normales Auto bauen. Obwohl „normal" bei Tesla ein relativer Begriff ist. Zwei Jahre nach der Premiere des Roadsters kündigte Tesla sein nächstes Projekt an: das Model S. Und das war etwas ganz anderes als eine Spielerei. Ein alltagstaugliches Elektroauto mit fünf Sitzen plus zwei

Tesla Model S Lehmmodell *Foto: Steve Jurvetson*

Kindersitzen optional im Kofferraum, hoher Reichweite und hervorragenden Leistungsdaten, die die meisten herkömmlichen PKW alt aussehen ließen. Trotzdem verhallte diese Nachricht in den Vorstandsetagen der großen Autohersteller und war alles andere als ein Weckruf. Immer noch glaubte das jeweilige Automanagement, dass das Konzept eines batteriebetriebenen herkömmlichen PKW eine Sackgasse sei, und ließ seine Ingenieurinnen und Ingenieure lieber Codes für Betrugssoftware schreiben, die der Welt vorgaukelte, dass leistungsstarke Dieselmotoren sauber seien.

Verbrennungsmotor verworfen

Bei Tesla hatte man allerdings die Zeichen erkannt und auch durch die eigenen Erfahrungen festgestellt, dass Verbrennungsmotoren absolut überflüssig sind. Während bei der Vorstellung des Model S noch ein zusätzlicher Verbrennungsmotor zur Reichweitenverlängerung eingeplant war, wurde dieser Plan später verworfen und verkündet, dass Tesla ein Hersteller von Elektroautos sein würde. Vielleicht war die Geschichte mit dem herkömmlichen Motor auch nur ein Marketinggag, um eine sehr skeptische „Gemeinde" der Autofahrenden gedanklich Richtung Elektrofahrzeuge zu bringen. Und „Gemeinde" ist da als Begriff nicht unbedingt aus der Luft gegriffen, denn die Auseinandersetzung um den Antrieb von der Deutschen liebstem Kind wird mit nahezu religiösem Eifer geführt (und mit perfiden Methoden). Das beginnt beim CO2-Rucksack, den übrigens auch Verbrennerautos mit sich tragen, was gerne unter den Tisch fallen gelassen wird, geht über die angeblich rapide Alterung der Batterie, den mangelnden Spaß der Vernunftautos, die schlechte Reichweite und das langsame Laden bis hin zur fehlenden Ladeinfrastruktur. Und all diese Argumente hebelt Tesla mit dem Model S aus. Das Model S wird laut Tesla inzwischen überwiegend mit erneuerbarer Energie produziert. Die Batterien werden so behandelt, dass die Alterung nahezu zu vernachlässigen ist. Denn durch das ausgeklügelte Batteriemanagement werden die Kapazitätsverluste im absolut minimalen Bereich gehalten. Das Model S ist trotz seiner Konzeption als luxuriöses Familienauto ein Sportwagen.

Model S als Notarztwagen *Foto: Gökhan Altincik*

Absolut verrückte technische Daten

Die Fahrdaten sind ziemlich verrückte Spitzenwerte. Mit dem Model Plaid+ produziert Tesla das schnellste Großserienauto der Welt. Selbst Porsche, Bugatti und Lamborghini mit ihren Supersportwagen kommen da nicht mehr mit. 320 km/h Spitzengeschwindigkeit und eine Beschleunigung von 0 auf 100 km/h in rund 2 Sekunden. Werte, die man in der Praxis kaum gebrauchen kann und sollte. Dafür stellen die Elektromotoren 1.100 PS zur Verfügung. Die Reichweite beträgt 840 Kilometer. Damit tritt die Frage des Aufladens immer weiter in den Hintergrund.

Unterwegs mit Überlichtgeschwindigkeit

Die verrückten Tempobezeichnungen wie Wahnsinns+-Modus oder Plaid+-Modus (auf Deutsch: kariert) stammen übrigens aus der Kino-Star-Wars-Parodie Spaceballs von Mel Brooks aus den 80er Jahren. Denn hier kann das Raumschiff deutlich schneller als mit Lichtgeschwindigkeit fliegen. Die höchste Stufe ist eben der Plaid+-Speed, also karierte Geschwindigkeit. Beim Wahnsinns+-Modus wird auf dem Display das Bild, das in Star Wars zu sehen ist, wenn auf Lichtgeschwindigkeit beschleunigt wird, angezeigt. Wie ein Gokart beschleunigt das Model S bei diesen Modi dann ohne jedes Reifenquietschen. Und die Reichweite in der Plaid+-Version ist unerreicht. Dabei wurde die maximale Ladeleistung bei den neuen Superchargern des Tesla-Ladenetzes in Version 3 auf 250 Kilowatt in der Stunde angehoben, was die Ladezeiten nochmal reduziert. Bei den ersten Superchargern waren es noch 90 Kilowatt in der Stunde. Damit ist das Aufladen absolut praxistauglich. Mit diesem Wert und der Reichweite sind die Ladezeiten so lange, wie sie sein sollten, und auf der Langstrecke macht man die Pausen, zu denen man auch verpflichtet ist, jedenfalls wenn man § 1 der Straßenverkehrsordnung ernst nimmt. Die Tesla-Software plant die gesamte Strecke bis zum Ziel inklusive der Ladepausen an den Superchargern durch und nutzt die maximale Reichweite selten aus. Die Ladoplanung eines Teslas versucht, den Akkustand bei der Routenplanung in einem Bereich zwischen etwa 20 und 80 Prozent zu halten. Auch das ist extrem batterielebensverlängernd und zwischen

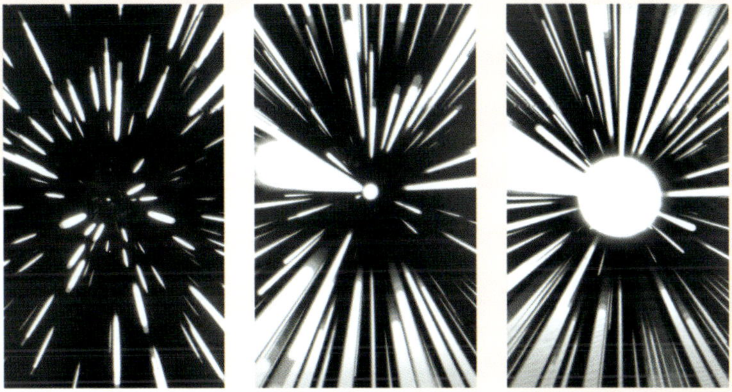

Der Wahnsinns+-Modus auf den Display *Foto: Daniel Schmidgen*

diesen Ladeständen wird am schnellsten geladen. Diese Ladeplanung, die Tesla mit dem Model S perfektioniert hat und über die die Konkurrenz selbst acht Jahre nach der Premiere des Model S noch nicht verfügt, ist ein weiteres Erfolgsgeheimnis dieses Fahrzeugs. So liegen die Ladezeit mit den V3-Superchargern zwischen 10 und 20 Minuten. Eine solche Pause muss man immer etwa nach zwei bis drei Stunden einlegen, was schon eine längere Fahrzeit bedeutet, als der ADAC empfiehlt. Zudem regelt das Ladenetz die Auslastung der Ladesäulen so, dass alle Fahrzeuge laden können, und das möglichst schnell. Sind die Supercharger an einer Ladestation voll besetzt und weitere Fahrzeuge fahren die Station an, plant die Routenplanung der einzelnen Fahrzeuge die Fahrt so um, dass sie die Ladestation früher verlassen und an einer anderen Station weiterladen, damit Plätze für andere Teslas frei werden. Zusätzlich senkt Tesla die Preise an ausgewählten Säulen zu Zeiten, zu denen die Supercharger weniger belegt sind, damit die Säulen zu den Hauptreisezeiten gleichmäßiger ausgelastet sind. Und mit einer Reichweite von 840 Kilometern, wie beim Model S Plaid+, muss ein solches Fahrzeug nur noch in Ausnahmefällen auf das Supercharger-Netzwerk zurückgreifen. Selbst bei Langstreckenfahrten wird das Nachladen über Nacht reichen. Mit all diesen Features ist das Ladenetzwerk von Tesla absolut konkurrenzlos. Nur Tesla bietet die Kommunikation des Ladenetzes mit der Fahrzeugflotte und steuert sie so, dass man zum einen an den Stationen nur extrem selten warten muss und zum anderen auch nie einen Supercharger anfahren wird, der defekt ist. Alle anderen Fahrzeughersteller verfügen nicht über ein derartiges Netz, was dann schon mal zu etwas längeren Fahrzeiten führen kann. Je mehr Elektrofahrzeuge auf den Markt kommen, desto mehr Berichte von absoluten Horrorfahrten sind zu lesen. Es zeigt sich: Ohne ein eigenes Ladenetz sind Elektrofahrzeuge kaum praxistauglich.

Computer auf Rädern

Und das ist eine weitere ungeschlagene Eigenschaft des Model S: Die Software ist State of the Art, das Beste, was man in einem PKW zurzeit finden kann. Angezeigt wird das Interface über einen riesigen Touchbildschirm, über den man Dinge einstellen kann, von denen man bei anderen Autos gar nicht weiß, dass es sie gibt bzw. eben nicht gibt. Und dieser Touchbildschirm reagiert bei Berührung sofort und muss nicht erst eine Gedenksekunde einlegen. Das ist in einem PKW ein vollkommen neues Erlebnis. Das fängt bei einer Luftfede-

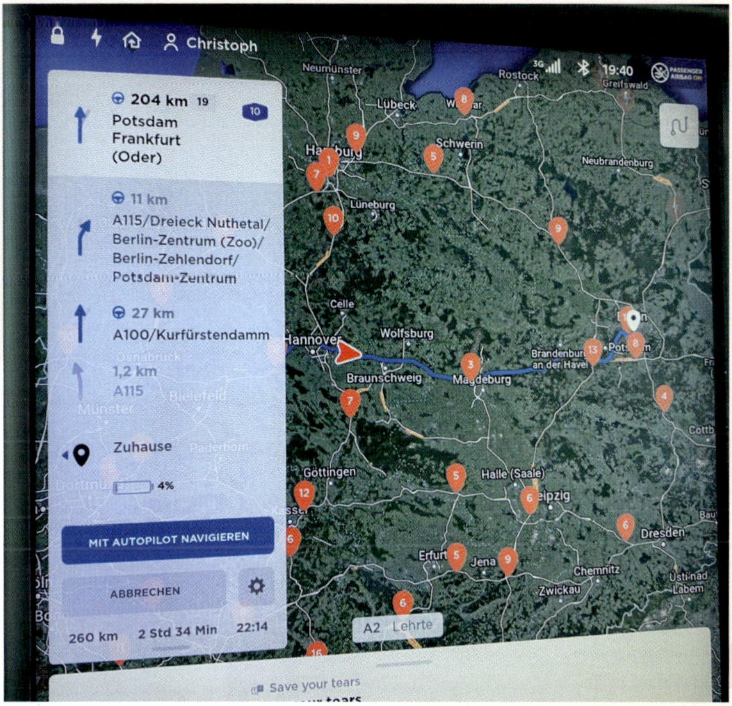

Routenberechnung mit Superchargern *Foto: Christoph Krachten*

rung an, die bei schlechter Wegstrecke angehoben werden kann. Die Eingabe wird gespeichert und das Fahrzeug dadurch an diesem Ort in der Zukunft immer angehoben. Man kann das Model S so programmieren, dass sich bei der Ankunft automatisch das Garagentor öffnet. Außerdem können verschiedene Profile abgespeichert werden, um viele Einstellungen je Fahrerin oder Fahrer automatisch anzupassen. Die Software kann aktualisiert werden, damit zum Beispiel immer die neueste Version des Autopiloten installiert ist. Denn das ist auch ein absolutes Alleinstellungsmerkmal des Model S. Es kann über WiFi Software nachladen und ist so immer auf dem aktuellsten Stand. Und der nähert sich 2021 einer bahnbrechenden Softwareversion, dem autonomen Fahren. Schon Ende 2020 war das Model S so weit, dass es mit Unterstützung auf der Autobahn bis zum Ende der Ausfahrt autonom fahren konnte, wenn man die Softwareversion „Volles Potential für autonomes Fahren" erworben hat oder als Abo gebucht hat. Ich nutze dieses Feature oft, wodurch ich auf der Autobahn viel entspannter fahren kann. Allerdings wird die ständige Kontrolle durch die Person am Steuer erwartet. Die Hände müssen immer am Lenkrad sein, was durch Sensoren überprüft wird. Messen diese nichts, wird man durch ein Blinken im Display hinter dem Steuer und ein kleines Logo in Form eines Lenkrades mit Händen daran erinnert, kurz am Lenkrad zu ziehen. Das ist leider ziemlich nervig. Denn wenn man zu schwach zieht, reagiert dieser Drehmomentsensor nicht, und wenn man zu stark zieht, wird der Autopilot deaktiviert. Manche Teslarati, also Menschen, die einen Tesla fahren, überlisten den Sensor und hängen dazu verbotenerweise ein kleines Gewicht an das Lenkrad, damit das verlangte Drehmoment kontinuierlich ausgeübt wird. Den Begriff Teslarati hat übrigens das amerikanische Newsportal für Tesla-Nachrichten gleichen Namens geprägt. Seitdem ich das volle Potential autonomen Fahrens nutze, ermüde ich auf langen Strecken nicht mehr. Der Fairness halber muss man feststellen, dass das noch nicht perfekt ist und die Software auf Baustellen durch die vielen Markierungen irritiert werden kann. Aber auch das wird von Update zu Update besser. Das Prinzip ist beeindruckend. Nach Antippen des Blinkers wechselt das Model S automatisch die Spur. Es blinkt an Ausfahrten und nimmt sie dann selbsttätig. Es empfiehlt neue Spuren und wechselt sie automatisch nach Antippen des Blinkers. Es hält die Spur, als würde das Auto auf Schienen fahren, und Musk verspricht all diese Features und mehr innerorts im Jahr 2021. Dafür hat das Model S inzwischen einen von Tesla selbst entwickelten Supercomputer an Bord, der mit Künstlicher Intelligenz (KI) ausgestattet ist. Diese Hardware heißt FSD-Computer. Die Abkürzung steht für Full Self-Driving und soll genau das ermöglichen: volles autonomes Fahren der Stufe 5. Bei Tesla sind hunderte Softwareingenieurinnen und -ingenieure damit beschäftigt, dieses System ständig zu verbessern. Seit Anfang 2020 ist bekannt, dass es gerade nochmal grundlegend überarbeitet wird und auf dreidimensionale Erkennung oder, wie Elon Musk gerne auf Twitter schreibt, auf 4D erweitert wird. Damit meint er eine zusätzliche Zeitkomponente, die berücksichtigt wird. Acht Kameras füttern den Computer mit Daten, die die Software labelt, also erkennt und beschriftet, damit sie die Daten weiterverarbeiten kann.

Auf dem Model S laufen zwei Programme

Bei der Programmierung hat Tesla einen Vorsprung gegenüber anderen Autoherstellern, der fast nicht einzuholen ist: Im März 2020 erreichte Tesla das Ziel von einer Million verkaufter Autos. Sie alle gewinnen beim Fahren für Tesla wertvolle Daten, die in der Zentrale für das autonome Fahren gesammelt und analysiert werden. Nahezu wöchentlich werden Updates aufgespielt, die die Auswertung der Daten in alle Teslas bringen und damit die Software Woche für Woche verbessern. Dafür lässt Tesla auf der FSD-Hardware zwei Systeme laufen. Einmal die aktuelle Software und im Hintergrund zusätzlich die zukünftige Software, die ständig verbessert wird. Inzwischen wurde die Software aus diesem „Shadowmodus" bereits als Betaversion veröffentlicht. Rund 2.000 Teslarati testen sie,

Model S Prototyp 2010

Foto: Steve Jurvetson

Stand Frühjahr 2021, in den USA. Nahezu täglich werden Videos auf YouTube online gestellt, die die beeindruckenden Fähigkeiten, aber auch die Fehler demonstrieren. Dabei lernt diese Betaversion stets hinzu. Sogar absolut skeptische Leute, wie der prominente amerikanische Autotester Sandy Munro, sind euphorisiert von den Fähigkeiten selbst dieser Betaversion. Es scheint also tatsächlich so, dass Elon Musk sein Versprechen einhalten kann, dass Teslas in der Lage sein werden, voll autonom zu fahren, und zwar ohne irgendjemand, der im Notfall eingreifen kann. Und Notfälle wird es bis dahin immer weniger geben. Das Duisburger CAR-Institut hat berechnet, wie stark sich Unfälle bereits durch die aktuelle Version des Tesla-Autopiloten reduzieren würden. Wären alle Fahrzeuge in Deutschland mit Teslas Autopiloten ausgestattet, hätte sich die Zahl der Verkehrsunfälle 2019 von 281.849 auf 29.413 reduziert. Das sind rund 90 Prozent weniger Unfälle.

Und Tesla verfügt mit seiner Fahrzeugflotte über einen Datenfundus, über den sonst kein anderer Autohersteller verfügt. Manche Fachleute halten diesen Vorsprung für uneinholbar. In Zukunft will Tesla einen Supercomputer für das autonome Fahren einsetzen. „Dojo" soll die Videos aller Teslas automatisch auswerten und damit ein neuronales Netz trainieren und die gewonnenen Ergebnisse an die Fahrzeuge zurückspielen. Sprich: Hier werden unglaubliche Mengen Videodaten analysiert, um daraus zu lernen. Und das Gelernte wird dann an alle Fahrzeuge übermittelt. Wenn also ein Tesla irgendwo auf der Welt einem anderen Fahrzeug begegnet, das ihm die Vorfahrt nimmt, dann lernt die Software daraus, wie sich die Fahrerin oder der Fahrer verhalten hat. Und je öfter das passiert, desto mehr Daten werden dazugewonnen und irgendwann weiß die Software besser als jeder Mensch, wann dem Fahrzeug die Vorfahrt genommen wird. Alle Teslas können dann auf diese Erkenntnisse zurückgreifen. So entstehen durch die Künstliche Intelligenz die absolut besten Autofahrenden der Welt. So lautet jedenfalls die Theorie. Noch muss Musk den Beweis antreten, dass es auch funktioniert. Wenn man sich allerdings die Erfolge bei der Künstlichen Intelligenz (KI) zum Beispiel beim Sprachprogramm GPT-3 von OpenAI ansieht, das Musk mitinitiiert hat, oder bei der KI AlphaGo, dem besten Go-Spieler der Welt, oder AlphaFold, einer KI, die es fertigbringt, Proteine perfekt zu falten, dann könnte man annehmen, dass es wirklich nur ein Katzensprung ist bis zur KI, die den Autoverkehr vollkommen beherrscht. So hat Tesla mit dem Model S den Startschuss für eine absolut neue Mobilität gegeben. Das Model S ist ein technisch absolut ausgeklügeltes Fahrzeug mit einem vollkommen neuen Antrieb, unglaublichen Fahrleistungen und umfassenden Ausstattungsdetails, die bis auf das kontrollierte autonome Fahren auf der Autobahn zur Grundausstattung gehören.

3

Warum Teslas so günstig sind

Herkömmliche Autos halten im Durchschnitt 200.000 bis 400.000 Kilometer. Danach ist meist Schluss – vor allem hier in den feuchten europäischen Breiten, wo dann früher oder später die Karosserie wegrostet. Zwar arbeiten die Hersteller weiter an Konzepten, die Autos langlebiger zu machen. Audi baut zum Beispiel seine Karosserien aus Aluminium. Feuerverzinkung bei Blech ist heute Standard. Doch die Fahrzeugtechnik ist meist anfällig bzw. benötigt eine Menge Wartung, wenn sie möglichst lange halten soll. Nur ist irgendwann eben so viel verschlissen, dass es Zeit wird, Abschied zu nehmen. Bei einem Tesla ist das deutlich später der Fall bzw. wurde diese Grenze noch nie wirklich erreicht außer durch Unfälle.

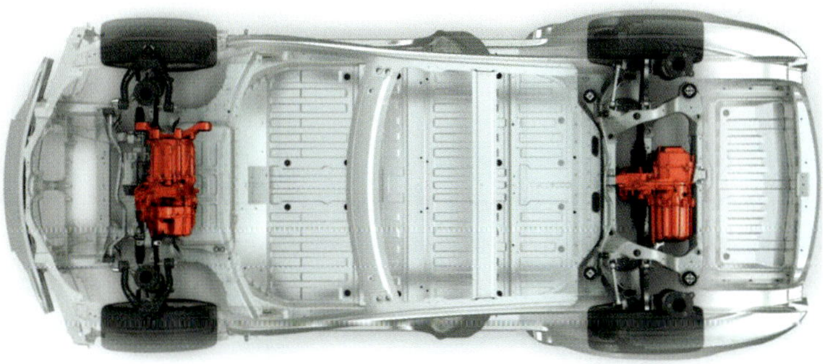

Grafik: Tesla

Wozu Bremsen?

Das fängt schon bei den Bremsen an. Und das gilt für alle Autos mit Elektromotoren, also auch für Hybridfahrzeuge. Die Bremsen halten ewig, weil sie meistens gar nicht gebraucht werden. Statt mit den

Bremsen zu bremsen, macht das in solchen Fahrzeugen der Elektromotor. Er rekuperiert die Energie, er gewinnt sie zurück. Der Motor wird beim Verzögern zum Generator, produziert Strom und bremst dabei gleichzeitig das Fahrzeug ab. Bei Fahrten in den Bergen können das erhebliche Mengen sein. Die Bremsen werden dabei nicht benötigt, im Gegenteil: Man muss darauf achten, immer mal wieder stark zu bremsen, damit sie nicht verrosten. Lange Jahre fuhr ich den Toyota Prius. Die Bremsscheiben und -beläge mussten zum ersten Mal bei 140.000 Kilometern Laufleistung getauscht werden. Die E-Motoren sind beim Tesla Model S noch größer und er hat bis zu drei davon. Die Bremsen halten deshalb etwa 300.000 Kilometer. Allein dadurch spart man sich tausende Euro während eines Tesla-Lebens. Aber es geht noch weiter.

E-Motoren haben 90 Prozent weniger Teile

Während ein Verbrennungsmotor im Schnitt über 1.000 Teile verfügt, von denen sehr viele beweglich sind und verschleißen, sind es beim Elektromotor eigentlich nur die beiden Lager, in denen Metall auf Metall liegt und sich bewegt. Insgesamt sind es etwa 90 Prozent weniger Teile als bei Verbrennungsmotoren. Im Gegensatz zu Verbrennungsmotoren sind Elektromotoren wartungsfrei. Keine Kontrollen sind nötig. Es muss kein Motoröl gewechselt werden, kein Ölfilter. Auch muss kein Luftfilter getauscht werden. Der entfällt ebenso wie ein Zahnriemen oder die Steuerkette. Zündkerzen gibt es nicht, keine Benzinschläuche und keinen Kraftstofffilter. Allerdings war die erste Generation der Motoren bei Tesla noch anfällig, was auf Konstruktionsfehler zurückzuführen war, inzwischen aber behoben wurde. Der Deutsche Hansjörg-Eberhard Freiherr von Gemmingen-Hornberg will mit seinem Model S zwei Millionen Kilometer zurücklegen. 1,3 Millionen ist er schon gefahren. Mehrmals mussten Elektromotoren getauscht werden. Mit dem jetzt eingebauten Motor ist er bereits mehr als 700.000 Kilometer gefahren.

Keine Inspektion

Weitere Verschleißteile fehlen ganz. Teslas haben ein einfaches 1-Gang-Getriebe. Elektromotoren bieten praktisch mit der ersten Umdrehung das maximale Drehmoment, also stellen die volle Kraft zur Verfügung. Das macht ein kompliziertes Getriebe überflüssig, das bei Verbrennern unentbehrlich ist, weil sie bei niedrigen Drehzahlen über ein sehr geringes Drehmoment verfügen und nur in einem bestimmten Drehzahlbereich das maximale Drehmoment, die maximale Kraft, zur Verfügung stellen können. Über je mehr Gänge ein Getriebe verfügt, desto besser können Verbrennungsmotoren in diesem optimalen Drehzahlbereich laufen. Ein Mehrganggetriebe ist ein kompliziertes Bauteil, das mitunter an ein teures Verschleißteil gekoppelt ist, das regelmäßig gewechselt werden muss: die Kupplung. Das sind zwei Scheiben, die den Motor über das Getriebe mit dem Antriebsstrang verkuppeln. Sie werden immer dann voneinander gelöst, wenn man auf das Kupplungspedal tritt, um den nächsten Gang einzulegen, und wenn man das Kupplungspedal löst, werden sie wieder aufeinandergedrückt. Jedes Mal wenn sie neu verkuppelt werden, schleifen sie einen kurzen Moment aneinander, bis die Drehzahlen von beiden Scheiben gleich sind. Sie sind deshalb als Verschleißteil konzipiert, das regelmäßig gewechselt werden muss, genauso wie die Bremsen. Früher ohne Kupplung musste man Zwischengas geben und bei der richtigen Drehzahl von

Getriebe und Motor rutschten dann die Zahnräder im Getriebe ineinander. Das verschliss aber das Getriebe deutlich. Mit der Kupplung entfiel das Zwischengas. Allerdings kann der Wechsel einer Kupplung bei einem Sportwagen schon mal in die tausende gehen. Und der ist regelmäßig nötig. Das alles gibt es bei einem Tesla nicht, sondern lediglich einen Gang, das heißt eine feste Übersetzung, und eben keine Kosten für die aufwendige Konstruktion eines Mehrganggetriebes verbunden mit einer Kupplung. Teslas haben deswegen auch kein Wartungsheft, weil eine regelmäßige Wartung überflüssig ist. Es gibt keine Inspektionen. Was immer wieder erneuert werden muss, ist die Bremsflüssigkeit, wie bei Verbrennern auch, und je nach Modell die Flüssigkeit für das Temperaturmanagement der Akkus. Dafür checken die Systeme eines Teslas regelmäßig den Zustand und die Software meldet sich, wenn ein Werkstatttermin nötig ist. Das 1-Gang-Getriebe sieht zum Beispiel nach 1,6 Millionen Kilometern, für die das Model 3 ausgelegt ist, noch ziemlich gut aus.

Niedrige Wartungskosten

Die Wartungskosten sind deshalb sehr niedrig. Hansjörg-Eberhard Freiherr von Gemmingen-Hornberg, der deutsche Rekordfahrer, gibt sie für sein Model S mit 1.300 Euro auf 100.000 Kilometer an. Das meiste kosten dabei die Reifen. Wer ein deutsches Fahrzeug der Oberklasse fährt, hat da mit Sicherheit andere Erfahrungen gemacht. Da ist man schon mal einen Hunderter los, wenn das Diagnosegerät fünf Minuten angeschlossen werden muss. So ist es einem Kollegen von mir mit seinem Mercedes SL ergangen. Hinzu kommt die rostfreie Aluminiumkarosserie und noch das ein oder andere. Und das Ganze schlägt sich auch im Betrieb der Werkstätten

Tesla-Werkstatt *Foto: Tesla*

nieder. Sie sind aufgrund der langen Garantiezeit von acht Jahren bzw. 80.000 Kilometern und auf Antriebsstrang und Batterie von acht Jahren bzw. zwischen 160.000 und 240.000 Kilometern je nach Fahrzeug darauf ausgelegt, wenig Kosten zu produzieren. Zudem gibt es im Vergleich zu traditionellen Autoherstellern viel weniger Werkstätten gerechnet auf die Fahrzeuge. Tesla hat auch hier einen unkonventionellen Weg eingeschlagen, der jedoch nicht ganz frei von Problemen ist. Während zahlreiche Autohäuser vom Service leben, ist er bei Tesla nur ein notwendiges Muss. Statt neben Fabriken, Stores und Ladenetz noch ein Wartungsnetz aufzubauen, hat Tesla das Problem beim Schopf gepackt und die Fahrzeuge weitestgehend wartungsfrei hergestellt. Ebenfalls eine Eigenschaft, die vorher in der Branche für unmöglich gehalten wurde und die auch niemand wollte. Das würde das Ende zahlreicher Autohäuser bedeuten. Reparaturen sind die Tintenpatronen oder die Kaffeekapseln der Autohersteller. Ohne sie würde das Geschäft nicht funktionieren.

Mit dem eigenen Tesla Geld verdienen

Tesla hat einen anderen Weg gefunden und davon hat auch die Kundschaft etwas. Denn die Idee, auch während der Lebensdauer eines Produktes Geld mit ihm zu verdienen, ist ja nicht so schlecht. Die traditionellen Autohersteller machen das nur auf dem Rücken der Verbraucherinnen und Verbraucher. Elon Musk hat da eine andere Idee. Statt Geld an den Käuferinnen und Käufern zu verdienen, will er mit den zusätzlichen Eigenschaften der Fahrzeuge Umsatz generieren, an dem alle mitverdienen können. Und das ist der Einsatz als Robotaxi, wenn der Autopilot fertig programmiert und zugelassen ist. Ob das je der Fall sein wird, darüber wird im Netz übrigens wild spekuliert. Es gibt Gründe, die dafür sprechen und auch einige, die dagegen sprechen. Darauf gehe ich später noch ein. Alle, die einen Tesla besitzen, können ihn dann als Robotaxi betreiben und damit Geld verdienen. Schon heute ist die Software so erweitert worden, dass man Familienmitglieder oder Bekannte hinzufügen kann, die dann mit ihrem Smartphone die Fahrzeuge öffnen können. Aber in Zukunft wird man das Fahrzeug, wenn man es nicht persönlich braucht, als Robotaxi betreiben können und die Software wird so erweitert, dass jede Person sich dann anmelden und von einem privaten Tesla chauffieren lassen kann. Und die Besitzerinnen und Besitzer verdienen dabei auch noch Geld mit ihrem Tesla. Dieses Robotaxi-Netzwerk inklusive Flotte ist bei einem Tesla schon mit eingebaut. Das ist wirklich ziemlich ausgeklügelt. Trotzdem knüpft Tesla an eine uralte Tradition an.

4

Die Wiedergeburt des Elektroautos

Tatsächlich belebt Tesla eine uralte Tradition wieder. Es ist nämlich falsch zu glauben, dass Autos schon immer Verbrenner waren und es während der Evolution dieser Bauart immer wieder aussichtslose Versuche gab, Elektroautos auf die Straße zu bringen. Die Geschichte war nämlich andersherum, nur das Verbrenner damals konkurrenzlos waren.

Das erste Auto: ein Elektroauto

Tatsächlich setzt Tesla eine uralte Tradition des Fahrzeugbaus fort. Denn nicht ein Verbrennungsmotor trieb das erste Automobil an, sondern ein Elektromotor. Der war nämlich vor dem Verbrennungsmotor erfunden worden. Es war ein Elektrokarren, gebaut von dem schottischen Erfinder Robert Anderson in Aberdeen 1832. Und was

Der Elektrokarren von Robert Anderson

heute kaum noch jemand weiß: Es setzte ein Siegeszug der Elektromobilität ein. Knapp 38 Prozent der Automobile waren in den USA um 1900 elektrisch angetrieben. Es gab hunderte Hersteller. Das Elektroauto hatte nach dem Dampfwagen auf dem kleinen Markt der Automobile den zweitgrößten Marktanteil vor Benzinern, die 22 Prozent der verkauften Autos ausmachten. Überlandfahrten machte man damals mit dem Zug und so genügte erstmal eine Reichweite von rund 100 Kilometern, die damals schon realisiert werden konnte. Doch dann wollte der Abnehmerkreis mehr und die Verbrennungsmotoren traten ihren Siegeszug an. Deren Erfolg machte die zunächst ausreichende Reichweite zu einem Manko der Elektroautos, die einfach nicht erweitert werden konnte, hinzu kamen die langen Ladezeiten. Und das hat sich dann rund 100 Jahre nicht geändert und es zeigt letztlich die beschränkte Innovationskraft der Autoindustrie auf. Selbst diejenigen Unternehmen, die ab den 90er Jahren an einer Renaissance der Elektromobilität forschten und arbeiteten, haben sich dieser Herausforderung nie wirklich gestellt.

Zur Elektromobilität gezwungen

Es war ja auch mehr gezwungenermaßen, dass sie Elektroautos auf den Markt brachten. Nach den USA, China, Japan und Deutschland wäre Kalifornien als eigener Staat die fünftgrößte Industrienation. Und dieser amerikanische Bundesstaat erließ 1990 ein Gesetz, den Clean Air Act, das strenge Vorgaben zu Reinhaltung der Luft enthielt. Eine der Vorgaben war: Wer in Kalifornien Autos verkaufen wollte, musste bis 1998 mindestens zwei Prozent und bis 2003 zehn Prozent seiner Autos ohne Abgase anbieten. Aber die in der Folge entwickelten Fahrzeuge waren mehr als mangelhaft. Denn irgendwie

Hotzenblitz Foto: Christoph Krachten

übersahen die Hersteller die große Herausforderung des Elektroantriebs. Sie verließen sich auf ihre Zulieferer und die lieferten mehr oder weniger nicht alltagstaugliche Energiespeicher. Das Rezept: Batterien kaufen und einbauen. Niemand machte sich auch nur die geringsten Gedanken darüber, wie die thermischen Betriebsbereiche der Batterien eingehalten werden könnten. Kaum jemand kümmerte sich darum, wie man möglichst schnell Strom aus den Batterien ziehen und auch wieder hineinbekommen könnte. Niemand hatte auch nur im Ansatz an eine Ladeinfrastruktur gedacht. Man nahm alles so hin, wie es war, ohne die grundsätzlichen Herausforderungen anzugehen. Das wäre so, als würde man vom Pferd auf PKW mit Verbrennungsmotor umschwenken, aber keine Tankstellen bauen und die Autos an den Tränken beim Hufschmied reparieren lassen. Ich selbst hatte mir damals einen Peugeot 106 electrique zugelegt. Die Nickel-Cadmium-Zellen machten es nicht lange und ich habe noch von niemandem gehört, bei dem sie die versprochenen 100.000 Kilometer gehalten hätten. Stattdessen sank die Reichweite kontinuierlich unter die versprochenen 75 bis 100 Kilometer, denn an der Maximalreichweite von Elektroautos hatte sich seit 100 Jahren nichts geändert. Auch da hatte sich niemand Gedanken zu gemacht. Und es gab noch weitere ambitionierte Projekte, bei denen aber nie der Kern des Problems angegangen worden war. Auch hier nahm man alles, wie es von Zulieferern angeboten wurde. Es war ein bisschen wie mit Smartphones vor dem iPhone. Sie hießen Smartphones, waren aber kaum smart. Und das galt bei den zuvor erwähnten Elektroautos für den CityEL, den Hotzenblitz, das Twike (mehr Fahrrad als Auto) und auch den EV1 von General Motors. Das Batterieproblem wurde einfach nicht gelöst.

Eine elektrisierende Nachricht

Doch dann ging eine Meldung durchs Netz, die elektrisierte. AC Propulsion hatte zu Demonstrationszwecken einen Elektrosportwagen gebaut. Wie bitte? Wie sollte das denn gehen? Alle anderen Entwicklungen dümpelten so vor sich hin und ein No-Name-Unternehmen sollte etwas Unmögliches gebaut haben? Das war das Wow-Signal für den elektrischen Antrieb. Der tzero hatte zwar noch herkömmliche Bleibatterien in den Seitenverkleidungen und einen

tzero - Der erste "Tesla" *Foto: Pete Gruber*

Benzinmotor zur Reichweitenverlängerung in einem Anhänger. Aber dieses Elektroauto stellte unglaubliche Rekorde auf. In etwas mehr als 4 Sekunden sprintete es von 0 auf 100 km/h und stellte so manchen Verbrennersportwagen in den Schatten. Das erregte auch die Aufmerksamkeit von einigen Leuten im Silicon Valley. Einer von ihnen war nicht etwa Elon Musk, sondern der Elektroingenieur Martin Eberhard. Er hatte mit seinem Kollegen Marc Tarpenning einen der ersten E-Book-Reader entwickelt, das Rocket-E-Book. Für 187 Millionen Dollar verkauften sie das Unternehmen 2000 und Martin Eberhard wollte sich mit einem Sportwagen belohnen. Doch er hat auch ein Interesse, das ein wenig mit einem Sportwagen kollidiert: Ökologie. Und alle Sportwagen, die er sich ansah, hatten Verbräuche, die jenseits von Gut und Böse lagen. Sportwagen mit Verbrennungsmotoren sind einfach riesige Dreckschleudern und brauchen, wie wir heute wissen, sogar zuweilen Betrugssoftware, um mit den geltenden Gesetzen und den irren Leistungsdaten überhaupt noch verkauft werden zu können.

Zwei Ideen für die Revolution des Elektroautos

Martin Eberhard suchte eine andere Lösung und stieß so auf AC Propulsion, eine Firma, die eigentlich gar keine Serienautos baute, sondern Antriebssysteme, Batteriemanagementsysteme, Fahrzeugmanagementsysteme und Systeme, um Elektroautos dem Stromnetz als Energiespeicher zur Verfügung zu stellen. Er wollte seinen eigenen Elektrosportwagen und versuchte, AC Propulsion davon zu überzeugen, ihn zu bauen. Doch die Geschäftsleitung hatte wohl eine Ahnung, was das für ein Abenteuer werden würde, und lehnte dankend ab. Eberhard beschloss, ihn selbst zu bauen mit der Technik von AC Propulsion. Als einen Investor zog er Elon Musk hinzu. Auch er war ein Fan von schnellen Sportwagen, aber wollte nicht länger die Umwelt damit verschmutzen. Bei der Entwicklung des E-Book-Readers hatte Eberhard sich schon intensiv mit Akkutechnologie auseinandergesetzt. Er wusste, dass dieses Problem gelöst werden musste. Und Tesla löste es mit einer eigentlich nicht sehr komplexen Technik. Die erste einfache aber bahnbrechende Idee: Chefingenieur Jeffrey B. Straubel schlug vor herkömmliche Notebookakkus im Tesla Roadster einzusetzen, dem ersten Fahrzeug, das man herstellen wollte. Sie hatten zusammengenommen eine deutlich größerer Oberfläche als wenige große Batterien und konnten so leichter gekühlt und geheizt werden. Verwendet wurde der Batterietyp 18650, was nichts anderes heißt, als dass die Batterien einen Durchmesser von 18 Millimetern haben und eine Höhe von 65 Millimetern. Noch heute kann man sie in jedem Elektronikshop für ein paar Euro kaufen. Wobei die Preise seit damals deutlich gesunken sind. Die Lithium-Ionen-Akkus haben gegenüber herkömmlichen Bleibatterien

Die Batteriepacks des Tesla Roadsters *Foto: Pete Gruber*

einen erheblichen Vorteil: Trotz Entladung halten sie die Spannung. Bei Bleiakkus kann man etwa ab der Hälfte der Entladung immer weniger Energie entnehmen, da die Spannung sinkt. Nicht selten habe ich es mit meinem CityEL erlebt, dass das Fahrzeug immer langsamer und langsamer wurde, bis es stehen bleib. Es war deprimierend (und hat offensichtlich ein Trauma bei mir hinterlassen, ansonsten würde ich es nicht immer wieder erwähnen;). Doch diese Lithium-Ionen-Akkus haben einen ziemlich begrenzten Temperaturbereich, außerhalb dessen sie nicht gut funktionieren. Die zweite einfache aber bahnbrechende Idee: Tesla entwickelte ein Temperaturmanagement für die Batterien, so dass sie immer im optimalen Temperaturbereich arbeiteten. Im Heck eines Roadsters gluckerte es immer ein wenig, wenn die Kühl- und Heizflüssigkeit die Batterien umfloss. Das war eine der entscheidenden Lösungen für den Vormarsch der Elektromobilität, und mit der Technik von AC Propulsion hatte man jetzt alles für den Tesla Roadster zusammen. Es war das erste wirklich praxistaugliche Elektroauto der Welt. Am 24. Juli 2006 war es so weit. Tesla präsentierte seinen Roadster – und ein Jahr später war Eberhard seinen Job los. Musk warf Eberhard vor, an das Board und ihn falsche Zahlen geliefert und bei der Entwicklung des Roadsters zahlreiche Fehlentscheidungen getroffen zu haben und so eine finanzielle Schieflage von Tesla verursacht zu haben. Von nun an wurde Tesla S3XY. Das war die Vision von Elon Musk und er hatte noch ein paar andere Ideen in petto. Doch erstmal wurde der Roadster produziert. Insgesamt liefen knapp 2.500 Fahrzeuge vom Band und zeigten schnell, dass hier eine Revolution stattfand. Bis dato hatten Autohersteller spekuliert, dass diese Batteriesätze nicht lange halten würden. Doch der Roadster bewies: Mehrere hunderttausend Kilometer sind unproblematisch. Und das Fahrzeug konnte mit weiteren bis dahin nicht für möglich gehaltenen Daten beeindrucken. Bis zu 500 Kilometer Reichweite, Beschleunigung in 3,7 Sekunden von 0 auf 100 km/h. 400 Nm Drehmoment und eine Energieeffizienz, die jeden Verbrenner in den Schatten stellt. Denn beim Elektromotor können mehr als 94 Prozent der Energie in Bewegungsenergie umgesetzt werden. 90 Prozent sind Standard. Nach allen Verlusten beim Speichern in der Batterie und dem Entladen beim Fahren, sind es immer noch mehr als 70 Prozent. Beim Verbrenner sind es rund 25 Prozent. Mit anderen Worten: Der Tesla Roadster hat eine Revolution des Automobilbaus angestoßen und noch einiges mehr.

Model X

Tesla ließ es sich nicht nehmen und brachte zwei Jahre nach dem Model S 2015 auch ein Fahrzeug in der beliebten Fahrzeugklasse der SUVs heraus, das Model X. Ein echtes Monstrum. Während das Model S in der Größe durch seine leichte und niedrige Konstruktion immer wieder in seinen Ausmaßen unterschätzt wird, kann das dem Model X nicht passieren. Es ist ein Ungetüm. Und wenn sich die gigantischen hinteren Flügeltüren öffnen, dann erinnert es ein wenig an den Flugsaurier Pteranodon longiceps. Tesla hatte sich mit diesen Türen ein ganz besonderes Alleinstellungsmerkmal ausgedacht. Zurückgehen soll es auf zahlreiche Beulen, die sich Elon Musk geholt hatte, während er seine Kinder auf den Rücksitzen anschnallen wollte und sich im Türrahmen den Kopf gestoßen hat. Das Model X sollte also das Familienauto unter den Teslas werden und sprach diese Klientel auch mit den sieben Sitzen an. Die gab es zwar auch im Model S, aber sie waren schon sehr beengt und außerdem gab es keine Klimatisierung für die hinteren beiden Sitze, die auch noch gegen die Fahrtrichtung positioniert waren. 2018 wurden sie aus dem Programm genommen. Das Model X hingegen ist also eine richtige Familienkutsche. Und so fühlt man sich auch darin. Die erhöhte Sitzposition und das um mehr als 300 Kilo höhere Gewicht im Vergleich zum Model S, auf dem die Konstruktion basiert, machen das Fahrzeug auch für die Menschen am Steuer zu einem martialischen Gefährt. Und während das Model S mit seinem Glasdach den Blick zum Himmel freigibt und so auch für die Insassen ein leichtes und luftiges Gefühl vermittelt, befindet sich im Model X neben Glaselementen vor allem die wuchtige Konstruktion für die Türen über den Köpfen der Fahrgäste. Eigentlich ist das Model X also der Gegenentwurf zum eleganten, windschlüpfrigen und sparsamen Elektrofahrzeug. Es kommt auch deutlich weniger weit als ein Model S. Mit etwas mehr als 500 Kilometern bei einem 100-Kilowattstunden-Akku ist die Reichweite um mehr als 15 Prozent verkürzt. Trotzdem hat Tesla mit dem Model X keinen so schlechten Job gemacht. Denn obwohl das Model X aerodynamisch eher einer Wand gleicht, entspricht der Mehrverbrauch damit dem Gewicht. Wer also über das entsprechende Kleingeld verfügt, bekommt mit dem Model X das effizienteste Familienauto, das es 2015 auf dem Markt gab. Und mit den Flügeltüren kann man prima Eindruck schinden. Nur in einer nach der deutschen Reichsgaragenordnung (galt bis 1986) gebauten Garage sollte man nicht versuchen, die Türen zu öffnen. Nicht nur, dass sie nicht ausreichend öffnen. Die Sensoren, die ein nahendes Hindernis erkennen, funktionierten anfänglich nur bedingt zuverlässig und je nach Beschaffenheit der Decke zum Beispiel stießen sie dann doch dagegen.

Tesla Model X

Foto: Tesla

Die unglaubliche Reise in einem total verrückten Elektroauto

Am 15. Januar 2020 war es so weit. Zuvor hatte ich mich nach einer Probefahrt sofort entschieden. Das Model S Long Range war das Elektroauto mit der größten Reichweite auf dem Markt und genau das sollte es sein. Vor Ort unterschrieb ich noch den Kaufvertrag und zahlte mit der Reservierungsprämie 4.000 Euro an. Das war am 2. Dezember 2019. Und nach Weihnachten war das Fahrzeug schon da. Das sollte man mal bei einem deutschen Autohersteller erleben. Weniger als einen Monat Lieferzeit. Tesla hat aus der Not seiner noch etwas übersichtlichen Größe als Autohersteller eine Tugend gemacht. Es gibt nicht wie bei Porsche pro Modell so etwa eine Billiarde oder mehr Kombinationen durch die unterschiedlichen Ausstattungsmöglichkeiten, sondern 45. Drei Modelle – Long Range, Plaid und Plaid+ – und drei Varianten der Innenausstattung. So weiß Tesla schon per Algorithmus, wo wie viele Varianten jeweils bestellt werden, und liefert sie vorab. Für die aktuellen Modelle hat sich Tesla allerdings etwas Vorlauf ausbedungen und liefert sie erst ab November 2021 in Europa aus. Und diese Variantenarmut bedeutet eine hohe Automatisierung der Produktion mit wenig Handarbeit. Musk hat diese Organisation der Produktion den vom deutschen Autoexperten Ferdinand Dudenhöffer verliehenen Titel „Manufacturing Guy" eingebracht, wobei da noch ein paar andere Dinge dazukommen.

Gerne lehne ich mich mal aus dem Fenster

Von der Hand in den Mund

Aber so konnte Musk die Zeit bis zur Auslieferung der Fahrzeuge an den Abnehmerkreis deutlich verkürzen und damit den Kapitalbedarf von Tesla ebenso deutlich nach unten drücken. Wenn alles gut lief, zahlte er die Rechnungen der Minen für die Rohstoffe direkt mit den Einnahmen aus dem Autoverkauf. Musk hatte so die Redewendung „Von der Hand in den Mund“ neu definiert und perfektioniert. Und jedes Mal zum Quartalsende wurde das auf die Spitze getrieben. Um die Quartalszahlen möglichst gut aussehen zu lassen, ging jedes Mal ein kleines Erdbeben durch Tesla und alle versuchten, so viele Fahrzeuge wie nur möglich auszuliefern und die Schlussrechnung zu kassieren. Und so klingelte auch bei mir zwischen Weihnachten und Neujahr das Telefon und Tesla setzte Himmel und Hölle in Bewegung, um das Model S irgendwie noch auszuliefern. Das Unternehmen bietet sogar die Auslieferung von nicht zugelassenen Fahrzeugen in die private Garage an, nur damit möglichst viele Teslas zum Quartalsende vom Hof sind. Aber bei mir hatte Tesla die Rechnung ohne Berlin gemacht. Hier dauert die Anmeldung eines Autos nämlich Wochen, weil es einfach keine Termine gibt. Die Berliner Verwaltung ist chronisch überlastet. Und um schnell einen Termin zu bekommen, benötigt man Geheimwissen. Also musste ich mich noch bis zum 15. Januar gedulden. Aber dann war es so weit und ich wurde Zeuge der „Auslieferung des Grauens“.

Die Auslieferung des Grauens

Normalerweise würde ich über so etwas kein Wort verlieren. Ich persönlich lege keinen großen Wert auf irgendwelches Tamtam.

Foto: Sabine Beikler / Der Tagesspiegel

Auf freiem Feld - Lagerung und Auslieferung bei Tesla

Allerdings gibt es bei deutschen Autoherstellern geradezu einen Kult rund um die Auslieferung von Fahrzeugen. Bei Porsche in Leipzig kann man das quasi als Wochenendtrip buchen, mit Werksführung, Testfahrt auf der porscheeigenen Rennstrecke, Besuch der Fahrzeugausstellung (in Stuttgart-Zuffenhausen, dem Hauptsitz, gibt es ein ganzes Museum), Übernachtung und Mittagsmenü mit drei Gängen im Porsche-Panoramarestaurant. Und die Auslieferung kann mit Enthüllung des Fahrzeugs, einem Strauß Blumen und einer Flasche Champagner gebucht werden. Deutsche Autohersteller vertreten die Auffassung, dass mit der Auslieferung bereits der Verkauf des nächsten Fahrzeugs beginnt. Wenn das so sein sollte, dann verkauft Tesla in ein paar Jahren gar keine Autos mehr. Bei Tesla muss man nämlich den ein oder anderen Abstrich machen. In Falkensee bei Berlin hatte Tesla Anfang 2020 für den Raum Berlin den Teil einer Lagerhalle gemietet und dort kommt man nur rein, wenn man auch dran ist. Na ja, immerhin besser als gar nichts. Das bot Tesla nämlich in Berlin Ende 2020 an. Die Auslieferung auf freiem Feld.

Pförtnerhäuschen

Foto: Christoph Krachten

Filterkaffee im Pförtnerhäuschen

Und so sah dann die Fahrzeugübergabe im Tesla-Style Anfang 2020 aus. Die Auslieferung an eine kritische Kundin (eine kritische Klientel passt nicht so gut zu Tesla – da prallen zwei Welten aufeinander) hatte sich etwas hingezogen und so kam ich nicht mal auf das Gelände, das zu finden schon eine Herausforderung war. Aber ich bekam echte Pförtnerromantik zu spüren. In dem Häuschen durfte ich nämlich rund eine Dreiviertelstunde warten. Ich bekam guten deutschen Filterkaffee und vertrieb mir die Zeit mit netten Gesprächen mit dem Wachpersonal dort. Zumindest das Prädikat „unvergesslich" hatte sich Tesla schon mit diesem Auftakt verdient. Nachdem dann eine nicht so gut gelaunte Käuferin mit einem weißen Model 3 mit überhöhter Geschwindigkeit an mir vorbeipeste, war ich an der Reihe. Irgendwie fühlte es sich so an wie der Gang zum Zahnarzt. In einer riesigen Halle hatte sich Tesla eine Ecke eingerichtet, in der der einzige Mitarbeiter dort hilflos versuchte, eine porscheähnliche Auslieferung zu inszenieren. Ein paar armselige Aufsteller waren rund um die Ecke in der Halle aufgestellt worden, was das Ganze aber eher noch ärmlicher aussehen ließ. Gerne hätte ich Fotos gemacht, aber das war verboten, aus gutem Grund. Eine festliche Stimmung wollte so einfach nicht aufkommen, doch die brauchte ich auch nicht. Ich wollte endlich im Model S sitzen und losfahren. Da störte es mich nicht, dass es zudem keine förmliche Abnahme des Fahrzeugs gab – und auch ein Kratzer in der Stoßstange und eine Riefe in der Innenverkleidung störten mich kaum. Ich war verliebt … in mein Model S.

Die unglaubliche Reise in einem total verrückten Elektroauto

Jetzt hatte ich also meinen Tesla und konnte endlich losfahren. Mit meiner Tochter Kira sollte es am Abend noch von Berlin nach Köln und dann weiter nach Tilburg in den Niederlanden gehen, wo sie Psychologie studiert und sich zudem ein weitgehend unbekanntes, mysteriöses Tesla-Werk befindet. Denn eigentlich müsste da, meinen Recherchen zufolge, tatsächlich eine riesige Tesla-Fabrik stehen. Aber von der hört und liest man kaum etwas in den Medien, als würde sie nicht existieren. Und wenn mal ein Artikel erscheint, sind kaum Fotos dabei, weil Fotografieren dort verboten ist. Ich wollte mir selbst ein Bild davon machen, auch weil es wohl eine Erweiterung gegeben hatte, von der noch nicht berichtet wurde. Aber jetzt musste ich mein Model S erstmal kalibrieren. Fährt man das erste Mal mit seinem Tesla, werden die Parksensoren während der ersten Kilometer kalibriert. Tesla „missbraucht“ die Parksensoren nämlich auch während der Fahrt, misst ständig die Abstände rund um das Fahrzeug und nimmt diese Daten, um nötigenfalls einzugreifen. Die Parksensoren sind zwar nicht dafür konstruiert, aber es scheint ja zu funktionieren. Nur die rote Darstellung des Seitenabstands zu Begrenzungen in Baustellen macht mich manchmal etwas nervös. Und stellenweise helfen sie auch nicht wirklich, weil die Außenspiegel einfach weiter herausragen, als die Sensoren erfassen können, vor allem wenn ein Hindernis leicht nach vorne versetzt am Straßenrand lauert.

Das erste Problem: Laden

Zuhause angekommen war mein Model S fertig kalibriert. Wir packten schnell ein und fuhren los. Es würde heute deutlich länger nach Köln dauern als mit der Bahn, mit der ich bisher nach Köln gefahren war, auch weil eine Bitte von mir vor der Auslieferung ignoriert wurde. Der Wagen war nicht vollständig geladen und an der langsamen Ladesäule in meiner Straße mit maximal 22 Kilowatt Ladeleistung pro Stunde konnte ich da jetzt auf die Schnelle nur wenig ausrichten. Zumal das Model S an diesen Ladesäulen auch nur mit maximal 16 Kilowatt lädt. Immerhin sollte es bis zum Supercharger in Lauenau bei Hannover reichen. Da war dann der 100-Kilowattstunden-Akku aber auch ziemlich leer. Die positive Überraschung: Während der Fahrt sank die Reichweite nicht immer weiter wie bei meinen früheren E-Autos, sondern sie stieg. Der Routenplaner im Model S ging also davon aus, dass man relativ ruppig fährt und eher mehr als weniger verbraucht. Fährt man dann aber kontinuierlich so etwa 120 bis 130 km/h, geht die Restreichweite bzw. Restladung immer weiter nach oben, in unserem Fall von 5 auf 15 Prozent. Trotzdem sollten wir doch ziemlich lange, fast eine Stunde, für das Laden benötigen. Da machte ich dann Bekanntschaft mit einem etwas unglücklichen Feature von Tesla. (Inzwischen wurde das geändert.) Am Anfang gab der Wagen nämlich an, rund 35 Minuten für das Laden zu benötigen, und auch hier sank die Zeitangabe schneller und eigentlich hätten wir schon nach 30 Minuten weiterfahren können. Aber Pustekuchen. Nach den 30 Minuten sprang die Ladezeit plötzlich wieder auf 25 Minuten, fast doppelt so lange also im Ganzen. Irgendwann bin ich darauf gekommen, warum dies so ist: Tesla hatte damals zwei Ladeziele und sprang zwischen ihnen kommentarlos um. Das eine ist die Ladung für die Weiterfahrt. Die wäre in unserem Fall tatsächlich nach 30 Minuten abgeschlossen gewesen, aber dann springt die Ladesoftware auf das nächste Ziel, und das ist das Laden bis zum Ladelimit. Das soll man nämlich auf unter 100 Prozent stellen, da Lithium-Ionen-Batterien bei Vollladung generell leiden. Deshalb empfiehlt Tesla 90 Prozent als Alltagsladung, 100 Prozent Ladung werden nur kurz vor längeren Touren empfohlen, wenn man dann aber auch sofort losfährt. Diese Limits kann man selbst einstellen und sie sind in der Software erläutert. Sprich: Das System gaukelte mir kommentarlos vor, dass ich weiterladen müsse. Und erst nach einer Weile bin ich darauf gekommen, dass X Minuten Laden für die Weiterfahrt etwas anderes ist als X Minuten Laden für das Supercharging. Dass mein Model S immer mal wieder für eine Überraschung gut ist, das sollte ich noch öfter feststellen.

5

Tesla – der ewige Betatest

Löschdecke für Elektroautos *Foto: Klaus J. Harm*

Tesla ist ja nicht gerade dafür bekannt, technische Probleme, ich sage mal, offensiv an die Öffentlichkeit zu bringen. Thema Fahrzeugbrände: Eine ganze Weile schien Tesla das Problem des Thermal Runaway zu ignorieren, also dass bei Überhitzung einer Zelle, was eben auch spontan ohne Außeneinwirkung zu passieren schien, durch eine Kettenreaktion alle Batteriezellen in Brand gesetzt werden können. Das Löschen eines solchen Teslas dauert deswegen immer länger als bei Fahrzeugen mit Verbrennungsmotoren. Und die Batterie wird dabei extrem heiß. Manche Feuerwehren haben inzwischen für Fahrzeugbrände von E-Autos Wassertanks angeschafft, in denen die Fahrzeuge einfach versenkt werden, bis der Brand gelöscht ist. Und die neueste Entwicklung ist eine Decke, die über das Auto geworfen wird und die Sauerstoffzufuhr stoppt. Erst als ein Fahrzeug in Shanghai in einer Garage von selbst in Brand geriet, reagierte der Autohersteller und modifizierte die Ladesoftware, was aber zu Einbußen der Batteriekapazität um rund zehn Prozent führte. Sprich: Tesla hat die Batterie einfach weniger voll geladen. Das ist mal eine kreative Lösung, die aber in der Folge zu einer Klage wegen der Reichweitenverkürzung führte. Nach diesem Vorfall wurde ein doppelter Brandschutz in die Zellen integriert, der sogenannte Dual Intumescent Material Layer, der bei Hitze aufquillt und die überhitzte Zelle von den anderen Zellen thermisch trennt. Heute wird von solchen Kettenreaktionen nicht mehr berichtet. Aber dafür wohl noch von ein paar anderen Problemen, wie es scheint. Und was ich ein wenig ärgerlich finde: Über manches wird man erst aufgeklärt, wenn es schon passiert ist. Und das ist nicht nur ärgerlich, sondern auch gefährlich. Dass das Model S in Baustellen mit dem Autopiloten nicht gut die Spur halten kann und bei den zahl-

Autobahnbaustellen sind ein Problem für den Tesla Autopiloten

Foto: Erich Westendarp

reichen Linien teilweise verwirrt ist ... darauf kann man auch selbst kommen. Aber dass der Wagen selbstständig mitten auf der Autobahn heftig bremst bzw. verzögert, das ist extrem gefährlich, vor allem wenn man davon überrascht wird.

Spontanbremsungen auf der Autobahn

Wenn das zum ersten Mal passiert, ist das schon extrem erschreckend. Aktiviert man den Tempomaten, dann wird auch immer die Abstandsfunktion des Model S aktiviert. Dabei wählt man den Abstand manuell am Hebel für den Tempomaten und den Autopiloten. Wenn man den Hebel einmal zu sich zieht, wird der Tempomat aktiviert und beim Doppelzug aktiviert sich der Autopilot, der zum einen die Spur hält und zum anderen bei der Version mit dem „vollen Potential für autonomes Fahren“ nach Betätigen des Blinkers automatisch die Spur wechselt und, wenn man die automatische Navigation gewählt hat, auch selbstständig Ausfahrten inklusive Blinken und Abfahren nimmt. Einige hundert Meter später muss man dann selbst das Steuer übernehmen. So weit, so gut. Doch zuweilen wird das System komplett außerplanmäßig selbst aktiv und bremst ziemlich stark. Das ist keine Vollbremsung, aber eine sehr starke Verzögerung, mit der im Zweifel niemand hinter einem rechnet. Auffahrunfälle drohen. Das kann im fließenden Verkehr passieren oder auf komplett freier Bahn, wo sich überhaupt kein Hindernis vor einem befindet. Also genau der seltene Fall, in dem derjenige haftet, der vorne bremst. Das wäre dann dumm gebremst. Und wenn man sich über dieses Fehlverhalten beschwert, dann wird einem gesagt, dass der Autopilot ja eine Betaversion sei, also eine Version kurz vor der fertigen Programmversion, und Tesla dieses Phänomen bekannt wäre. Wie bitte? Das ist schon ehrlich gesagt … ungewöhnlich. Allerdings passt dieses Verhalten eher zu einer Alphaversion, also einer Softwareversion, die noch viele Fehler hat und gar nicht veröffentlicht werden darf. Dieser Fehler ist viel zu groß und gefährlich für eine Betaversion und außerdem tritt er ja auch auf, wenn lediglich der Tempomat aktiviert wurde. Und der wählt dann auch mal selbstständig, ohne Zutun der Person am Steuer, einfach eine neue Geschwindigkeit. Tesla ist also schon ziemlich innovativ, aber hat offensichtlich keine Scheu, unfertige und auch offensichtlich gefährliche Software auf die Kundschaft loszulassen. Ein deutscher Autohersteller würde das nicht wagen.

Automatisches Überholen

Eines muss man wirklich sagen: Die Version des Autopiloten mit dem „vollen Potential für autonomes Fahren“, was in Wirklichkeit kein Autopilot, sondern eine Unterstützung beim Fahren ist, die ist tatsächlich sehr entlastend. Seitdem ich das Model S damit fahre (trotz aller Probleme), ermüde ich nicht mehr auf längeren Strecken, da ich mich nur noch darauf konzentrieren muss einzugreifen, wenn etwas nicht richtig läuft. Also man geschnitten wird, jemand dicht auffährt usw. Zurück zum Überholen: Da ist das Model S (von den Gesetzen dazu gezwungen) leider ein wenig kreativ. Das Ganze funktioniert bei den aktuellen Modellen so: Während der Autopilot aktiviert ist, tippt man den Blinker in die Richtung an, in die man die Spur wechseln will. Er checkt zunächst, ob man die Hände am Steuer hat. Dafür muss man kurz am Lenkrad ziehen. Dann scannt er mit seinen Kameras die Umgebung ab, ob sie frei ist, und setzt zum Überholen an. Hat das Scannen allerdings zu lange gedauert, bricht er den Vorgang des Spurwechsels einfach ab, mittendrin, vermeintlich vollkommen ohne Grund. Der Wagen macht gefährliche Schlingerbewegungen zurück in die bisherige Spur. Dafür gibt es einen Grund, aber der ist leider nur schwer zu verstehen. Den habe ich erst bei einem Servicetermin erfahren. Nach fünf Sekunden wird der Vorgang des Spurwechsels abgebrochen, was natürlich extrem blöde ist, wenn das Manöver schon begonnen hat, und auch gefährlich, weil hinter einem niemand mit solch einem absurden Verhalten rechnen kann. Zur Verteidigung von Tesla muss man allerdings erwähnen, dass Tesla für dieses absurde Verhalten der Fahrzeuge keine Schuld trifft. Verbrochen hat das tatsächlich die UN. Das klingt erstmal verrückt und macht auch keinen Sinn, wenn man es nachvollzogen hat. Aber tatsächlich steckt die UN hinter diesem Humbug bzw. die Wirtschaftskommission der Vereinten Nationen für Europa, kurz UNECE. Einer ihrer Zuständigkeitsbereiche ist die Entwicklung

Automatisches Überholen *Foto: Christoph Krachten*

von Vorschriften und Normen. Darunter befindet sich die „Regelung Nr. 79 der Wirtschaftskommission der Vereinten Nationen für Europa (UNECE) – Einheitliche Bedingungen für die Genehmigung der Fahrzeuge hinsichtlich der Lenkanlage [2018/1947]". Und im Nachtrag 78 dazu ist das Verhalten genau definiert. Und das „Fehlverhalten", das mich beim Überholen in den Wahnsinn treibt, ist dort festgeschrieben. Sprich: Diese Regelung legt fest, dass sich Fahrzeuge beim automatischen Spurwechsel gefährlich verhalten. Dort sind nämlich einige Dinge geregelt, die zugelassene Fahrzeuge erfüllen müssen, wenn sie automatisch überholen wollen. Das fängt damit an, dass ein Überholmanöver erst nach einer Gedenksekunde begonnen werden darf. Dann muss das System über das Lenkrad checken, ob das Fahrzeug auch gefahren wird. Dafür muss tatsächlich am Lenkrad gezogen oder besser gewackelt werden. Wackeln am Lenkrad führt übrigens auch zum Abbrechen des teilautonomen Fahrens, was zu zusätzlichen Schwierigkeiten führt. Dieses Wackeln muss innerhalb von drei Sekunden nach Betätigen des Blinkers erfolgen. Dann erst darf mit dem Überholen begonnen werden, aber frühestens nach zwei weiteren Sekunden nach der Gedenksekunde darf angesetzt werden, die Fahrbahnmarkierung zu überfahren. Sie muss dann aber spätestens nach fünf Sekunden vom vorderen Rad, das der Fahrbahnmarkierung am nächsten ist, überquert worden sein. Im Extremfall bleiben dafür also nur zwei Sekunden. Versucht man, die Spur in einer Kurve zu wechseln, die genau in der Richtung liegt, in die man die Spur wechseln will, kann das schwierig werden. Der Überholvorgang wird abgebrochen. Aber es kommt noch schlimmer: Wenn man nach der Überquerung der Fahrbahnmarkierung mit dem ersten Rad nicht nach fünf Sekunden auch mit dem zweiten Vorderrad in der neuen Spur ist, muss der Überholvorgang ebenso abgebrochen werden. Und das ist wirklich verrückt und führt dazu, dass das Fahrzeug, obwohl man schon fast in der neuen Spur ist, relativ unsanft wieder zurück in die alte Spur wechselt. Das passiert wirklich extrem ruppig und damit kann nun wirklich niemand rechnen. Das Gleiche geschieht übrigens, wenn sich auf der neuen Spur ein Fahrzeug so nähert, dass es ungebremst nicht den nötigen Abstand hält, bei dem ein automatischer Spurwechsel zulässig ist. Wenn sich also ein anderes Fahrzeug schnell von hinten nähert, wird der Überholvorgang ebenso abgebrochen. So etwas können sich nur Sonntagsfahrer ausdenken. Die UNECE hat mit diesen Regelungen den Vogel abgeschossen und dazu beigetragen, dass unsere Autobahnen unsicherer werden. Der Belgier Steven Peeters will diese gefährliche Regelung kippen und hat dazu eine Petition bei Avaaz gestartet.

Was man aber Tesla ankreiden kann, ist die schlechte Dokumentation. Man wird mit diesem doch sehr erklärungswürdigen Verhalten relativ alleingelassen. Letztlich müsste es eine gesonderte Aktivierung dieser Funktion geben, in der all diese Punkte genau erklärt werden und alle Stück für Stück abgehakt werden müssen, so dass es also nahezu ausgeschlossen ist, diese nicht zu lesen. Genau das ist ja auch die Kritik der europäischen Sicherheitsorganisation Euro NCAP. Sie sieht Teslas System selbst ohne die Fähigkeit, vollständig automatisiert fahren zu können, technisch allen anderen Systemen deutlich überlegen. Allerdings bemängelt sie ein unkooperatives System, das entweder den Eindruck vermittle, vollständig autonom zu fahren, oder aber den Fahrenden die volle Kontrolle überlasse. Es sei „mehr autoritär als kooperativ“, kritisierte der Test. So landete Tesla dann in diesem Test nur auf Platz sechs.

Der komplette Bildschirmausfall

Das ist wirklich eine ziemlich schräge Geschichte. Nicht nur weil Tesla von mir explizit verlangt, mich in gefährliche Situationen zu begeben, sondern auch weil der Fehler fast ein Jahr lang nicht behoben werden konnte. Von Anfang an: Bei meiner ersten längeren Tour mit dem Model S am 22. Januar 2020 auf der Rückfahrt meiner ersten unglaublichen Reise mit einem verrückten Elektroauto geschah das für mich Unfassbare: Bei Tempo 130 auf der Autobahn

Zappenduster im Cockpit bei 130 km/h *Foto: Christoph Krachten*

fielen von jetzt auf gleich alle Displays aus. Alles war schwarz vor mir im Auto. Ich testete erstmal ganz vorsichtig, ob der Wagen normal fuhr. Ich bremste leicht ab und gab wieder Gas und war erstmal beruhigt. Das Model S schien normal zu funktionieren. In Zukunft sollte ich da allerdings noch eines Besseren belehrt werden. Nach einigen Minuten kam dann alles wieder zurück. Es dauerte wirklich ziemlich lange, bis die Displays wieder normal funktionierten.
Zurück in Berlin rief ich den technischen Support von Tesla an, der dann über seinen Mobilfunkzugang auf den Wagen zugriff, aber nichts Auffälliges in den Daten fand. Ich beantragte die Reparatur. Der Termin wurde aber dann gecancelt und man bat mich, Daten zu liefern. Sprich: Tesla forderte mich auf, so lange mit dem Fahrzeug zu fahren, bis der Fehler wieder auftrat. Das finde ich ehrlich gesagt schon sehr ungewöhnlich, ist aber eben typisch Tesla. Die Fahrenden können ruhig in gefährliche Situationen geraten. Hauptsache, Tesla hat weniger Arbeit. Ich folgte der Anweisung – natürlich mit einem erheblichen Bauchgrummeln, denn eigentlich müsste doch so ein gefährliches Verhalten sofort behoben werden. Dann lieferte ich die Daten weiter per SMS und vereinbarte wieder einen Termin. Allerdings wartete ich vergeblich auf die Tesla-Techniker. Denn manchmal muss man mit einem Tesla gar nicht in die Werkstatt fahren, die kommen angeblich vorbei. Angeblich, weil ich es noch nie erlebt habe. Denn mysteriöserweise schienen meine Daten Tesla nicht zu erreichen. Und dann stornierte Tesla den nächsten Termin einfach wieder. Angeblich bekommt man eine Nachricht über so eine Stornierung, aber die habe ich auch noch nie erhalten. Ich stand mir also vollkommen umsonst die Beine in den Bauch. Und dann am 13. Mai, inzwischen war Corona ausgebrochen, wurde schon wieder ein Termin storniert, obwohl es neben den schwarzen Bildschirmen

noch andere Probleme gab, zum Beispiel eine Kamera im linken Kotflügel, die immer wieder ausfiel. Nach fast vier Monaten Hin und Her riss mir dann tatsächlich der Geduldsfaden und ich drohte mit dem Rücktritt vom Kaufvertrag. Dann ging es plötzlich ganz schnell. Ein Regionalchef der Werkstätten kontaktierte mich und ich bekam direkt einen Termin. Der Mann hatte übrigens noch Benzin im Blut und fing ungefragt an, ein Loblied auf Verbrenner zu singen. Das fand ich ehrlich gesagt etwas bizarr. Zwei Kameras wurden ausgetauscht und bei der Kamera vorne im Kotflügel konnte man auch deutlich sehen, dass die Scheibe vor dem Objektiv nicht ordentlich vergütet war. Das heißt, dass die Beschichtung der Optik, die dafür sorgt, dass es zu weniger Lichtreflexen kommt, beschädigt war. Wie bei einer nicht beschichteten Brille reflektierte das Glas und es kam zu unangenehmen Lichtreflexen. Die Kamera fing den Verkehr nicht mehr richtig ein. Allerdings: Das Problem mit den ausgefallenen Displays konnten sie nicht beheben, weil sie behaupteten, die Ursache ohne Daten nicht eingrenzen zu können. Meine Anfang des Jahres an sie geschickten Daten hätten sie nicht erreicht, was wohl an ihrer Software für ihren SMS-Kontakt lag. Oh Mann. Ich solle nochmal Daten liefern, also nochmal mit einem aus meiner Sicht nicht wirklich verkehrssicheren Fahrzeug fahren. Und im Juli 2020 habe ich dann per Mail nochmal Daten geliefert, aber wieder keine Antwort erhalten, auch auf Nachfrage nicht. Daraufhin recherchierte ich im Netz, ob ich das einzige Opfer dieses Problems war, und staunte nicht schlecht. Ich war gar kein Einzelfall und der Fehler wurde auch schon behoben, aber nur wenn er öfter auftrat, so meine Recherche. Sprich: Tesla kannte das Problem also ganz genau. Es ist ein Fehler in der MCU, der Media Control Unit, ein bekannter Hardwarefehler. Daraus lässt sich nur ein Schluss ziehen und der ist wirklich, wirklich unfassbar. Meine Vermutung also: Erstens: Tesla kennt den Fehler. Zweitens: Tesla will ihn aber nur beheben, wenn er öfter auftritt, da die MCU nur mit erheblichem Aufwand repariert werden kann. Dafür muss nämlich das gesamte Armaturenbrett zerlegt werden. Drittens: Tesla lässt den Kundenkreis den Fehler dokumentieren, aber nicht um ihn zu finden (Tesla kennt den Fehler ja), sondern um herauszufinden, wie oft er auftritt. Das ist wirklich ein absoluter Skandal. Das Fahrzeug ist so nicht verkehrstüchtig und Tesla belässt den Wagen aber so lange in diesem Zustand, bis der Fehler aus Teslas Sicht behoben werden muss. Ich gehe davon aus, dass die normale Reaktion und vor allem die gesetzmäßige ein Rückruf wäre. Und Gleiches gilt für die Phantombremsungen. Zwei erhebliche Fehler, die so nicht in einem verkehrstüchtigen Auto vorkommen dürfen. Inzwischen kommen die Bildschirmausfälle übrigens nicht mehr vor. Tesla hat die Software offenbar so modifiziert, dass das Phänomen nicht mehr auftritt. Mit Phantombremsungen sollte man jetzt (2021) aber noch rechnen.

Model 3

Das Model 3 ist weitaus mehr als die Mittelklasse-Variante des Model S. Nachdem das Model S laut Tests eines der besten Autos der Welt ist, wurde das Model 3 nochmal deutlich verbessert. Hier flossen all die Erfahrungen mit der Serienfertigung des Model S ein. Viele Kinderkrankheiten konnten jetzt direkt vom Beginn der Konstruktion an vermieden werden. Und es wurden neue revolutionäre Techniken eingeführt, die Zuverlässigkeit und Leistungsdaten gesteigert und die Produktionskosten nochmal deutlich gesenkt haben. Das fängt beim neuen Batterietyp an. Statt den 18650er Zellen wurden 2170er eingesetzt. Die 18650er Zellen haben einen Durchmesser von 18 Millimetern und sind 65 Millimeter lang. Die 2170er haben einen Durchmesser von 21 Millimetern und sind 70 Millimeter lang. Der Unterschied erscheint gering, bedeutet aber eine Steigerung von 16,5 auf 24,2 Kubikzentimeter. Das sind rund 50 Prozent mehr, und das bei nur geringer Veränderung der Maße. Jetzt passen zwar weniger Zellen auf die gleiche Fläche unter dem Wagen. Allerdings reduzieren sich mit dem höheren Volumen der Zellen die Anschlüsse und Verbindungen. Aber auch die Zellchemie wurde verändert. Der Kobaltgehalt wurde deutlich reduziert und der Nickelgehalt erhöht. Damit sei der Kobaltgehalt der Nickel-Kobalt-

Model 3 bei seiner Vorstellung am 31. März 2016 *Foto: Steve Jurvetson*

Aluminium-Kathodenchemie in diesen Zellen jetzt schon niedriger als bei Kathoden der nächsten Generation anderer Zellhersteller, sagt Tesla. Alle Hersteller versuchen wie bei anderen eher seltenen Rohstoffen, diese zu reduzieren, um die Kosten zu senken. Gleichzeitig soll aber die Leistung steigen. Sprich: Die 2170er-Zellen sollen in kürzerer Zeit mehr laden und auch mehr Kilowattstunden pro Kilogramm speichern können. Allerdings scheinen die Veränderungen nicht so signifikant zu sein, so dass sie den 18650er Zellen deutlich überlegen sind. Trotzdem ergeben sich durch die Konstruktion Vorteile beim Batteriepack. Diese Zellen können nämlich an den neuen V3-Superchargern von Tesla mit bis zu 250 Kilowatt geladen werden, während beim Model S die Grenze bei den neuen Superchargern bei etwa 180 Kilowatt liegt. Durch die immer schneller werdenden Ladezeiten entfällt jetzt auch eine Option, die es beim Model S noch gab: Das Batteriepack kann jetzt nicht mehr in wenigen Minuten abgeschraubt und getauscht werden. Die Ladezeiten bewegen sich mit diesen Leistungsdaten jetzt eher bei rund 20 Minuten und sind damit verglichen mit den Tankzeiten von Verbrennern nicht mehr exorbitant länger. Zudem sind im Batteriepack jetzt Bordladegerät, Schnellladeumschalter und Gleichspannungswandler enthalten. Und eine weitere Technologie ist revolutionär. Wie schon beim Batteriepack mit den zahlreichen integrierten Einheiten ging es beim Model 3 auch eher darum, die Fertigung zu optimieren und zu vereinfachen, als darum, ein neues Auto auf den Markt zu bringen. Denn das Hauptziel von Elon Musk war immer, in der Gigafactory mindestens 5.000 Model 3 in einer Woche produzieren zu können. Ohne diesen großen Schritt in die tatsächliche Massenproduktion hätte Tesla nicht überleben können. Und das ist auch das Geheimnis hinter der höheren Gewinnmarge beim Model 3 im Vergleich zum Model S. Der Verkauf bei Tesla hat deshalb die Anweisung, Model 3 und Model Y zu verkaufen, wie mir zugetragen wurde. Model S und Model X würden nur verkauft, wenn die Kundschaft ausdrücklich nach diesen Fahrzeugen verlange.

Die Revolution beim Model 3: Es gibt kein eigenes Temperaturmanagement mehr für die Batterien. Lediglich die Kühlung der Klimaanlage wird dazu eingesetzt und der Elektromotor. So wurde eine ganze Baugruppe eingespart, ohne auch nur einen einzigen Abstrich beim Batteriemanagement zu machen. Geheizt wird nämlich mit dem Elektromotor. Er ist so geschaltet, dass seine Spulen durch Stromfluss aufgeheizt werden können, ohne dass sich das Fahrzeug bewegt. Sprich: Die zehn Prozent Wärmeverlust, die ein Elektromotor normalerweise bei der Umsetzung von elektrischem Strom in Bewegungsenergie hat, werden in 100 Prozent umgewandelt. Einfach durch einen anderen Stromfluss, bei dem gar keine Bewegungsenergie erzeugt wird. Der Motor steht und wird warm. Das ist simpel und einfach. Später wurde dann die Technik noch weiter vereinfacht und die Konstruktion des Model Y mit einer Wärmepumpe für alle Heiz- und Kühlsysteme und mit einem Achtfachventil, der Octovalve, übernommen. Diese Konstruktion versorgt alle Systeme mit Wärme und Kühlung an Bord und ist nochmal deutlich effizienter. Und viele weitere Elemente wurden vereinfacht, sind aber eben dabei nicht unbedingt schlechter geworden. Belüftet wird das Fahrzeug jetzt über einen einzigen Lüftungsschlitz. Die Steuerung, wohin die Luft gerichtet ist, wird per Software vorgenommen. Das Display nimmt jetzt schon mal die spätere Nutzung als Robotaxi vorweg und ist mittig angeordnet, damit alle Fahrgäste auf das Display schauen können. Es ist im Querformat und damit eben nicht nur für das Fahren optimiert, sondern auch für die installierten Computerspiele und Netflix. Das Model 3 ist so ein neu durchdachter PKW, der damit für Tesla zur Cashcow geworden ist. Allerdings war der Weg dorthin für Elon Musk die Hölle oder wie er selbst sagt: die Produktionshölle. Denn, wie so oft, stießen Realität und Musks Vorstellungen in einem schweren Unfall zusammen. In diesem Fall erreichte Tesla einfach nicht das Ziel, 5.000 Model 3 pro Woche zu produzieren. Musk baute Anfang 2018 seinen Schreibtisch in der Produktionshalle auf und begann, an Lösungen zu arbeiten. Für die Produktion des Model 3 hatte er extra den deutschen Hersteller von Robotern, den Anlagenbauer Grohmann Engineering aus Prüm in der Eifel, gekauft. Während die traditionellen Autohersteller immer mehr Teile der Produktion auslagern und am Ende ihre Autos nur noch aus einem Baukasten zusammensetzen, geht Tesla genau den anderen Weg, um möglichst große Teile des Erlöses in die Firma zu holen, 2016 also sogar durch einen Maschinenbauer. Schon damals muss Musk eine extrem weitreichende Perspektive gehabt haben, die für die nächsten Jahrzehnte den Bau zahlreicher Produktionslinien vorsah. „Think big“ bekommt bei Musk nochmal eine vollkommen andere Dimension. Es müsste eher „Think giga!“ heißen. Beim Model 3 ermöglichte ihm die Grohmann-Akquise, schnell zu handeln. Er fackelte nicht lange und baute quasi eine ganze Fabrik in ein, zwei Wochen auf. Um sein Ziel zu erreichen, an dem jetzt das Schicksal der ganzen Firma hing, mietete er riesige Zelte und ließ neben der Tesla-Factory in Fremont „einfach“ eine weitere Produktionslinie aufbauen. Und durch die extrem hohe Automation beim Model 3 war das auch relativ zügig möglich. Tatsächlich war es am 2. Juli 2018 dann so weit: Tesla fertigte 5.000 Model 3 pro Woche, noch mit einer unglaublichen Fehlerquote von 86 Prozent, aber immerhin. Und die Mängel konnten im Schnitt in 37 Minuten behoben werden. Tesla hatte sein Ziel erreicht und stieg in die Kategorie der Volumenhersteller auf, und das mit einem Fahrzeug, das wieder zu den besten Autos überhaupt gehörte und fast ausschließlich Bestnoten bekam. Damit, und das kann man nicht genug anerkennen, hat es Tesla als erster westlicher Autohersteller seit rund 100 Jahren geschafft, eine Volumenproduktion aus dem Stand an den Start zu bringen.

Das Model 3 war aus Stahl und Aluminium so leicht gebaut, dass es mit seinem 25 Prozent kleineren Akku mit 75 Kilowattstunden Batterieinhalt eine hohe Reichweite von 580 Kilometern erzielte, nahezu die gleiche wie ein Model S. Straßenlage, Sicherheit, Beschleunigung, Komfort usw., alles war State of the Art. Musk hatte es tatsächlich geschafft, den Gordischen Knoten zu zerschlagen. Er war mit einem qualitativ absolut hochwertigen Fahrzeug zum Volumenhersteller geworden, und das mit einem neuartigen Antrieb. Er hatte, wie es Steve Jobs einmal formulierte, eine Beule ins Universum gehauen. Und das liegt daran, dass Musk sich nicht von vermeintlichen „Sachzwängen" aufhalten lässt. Er denkt mit den Teams bei Tesla ein Thema logisch durch und findet dann eine Lösung. Und dieses Verfahren und dieses Mindset ist anders, als es in großen traditionellen Unternehmen sein kann.

Model 3 *Foto: Christoph Krachten*

6

Elektroauto vs. Verbrenner

Wenn man Elektroautos nicht aus der Sicht von Verbrennern sieht, sondern umgekehrt an die Betrachtung herangeht, öffnet das einem die Augen. Tun wir also mal so, als würden Elektroautos das Verkehrsmittel sein, das alle für den Individualverkehr nutzen, und jetzt möchte jemand PKW mit Verbrennungsmotoren einführen. Ich stelle mal die – vielleicht steile – These auf: Die würden gar nicht zugelassen, weil sie zu dreckig und zu gefährlich sind.
Die Frage ist also: Was würde jetzt alles schlechter werden aus der Sicht von Elektroautos? Um es vorwegzunehmen: Auch unabhängig von der CO2-Belastung sind Elektroautos einfach technisch die überlegene Konstruktion. Verbrenner sind nämlich sehr fehlerbehaftete Fortbewegungsmittel, die dazu noch extrem gefährlich sind. Da werden hochbrennbare Flüssigkeiten im Fahrzeug transportiert und dann noch zum Brennen gebracht bzw. schlimmer noch: zum Explodieren. Das ist eine komplizierte und anfällige Technik, die dazu eben auch gefährlich ist. Bei einem Unfall geraten sie schneller als E-Autos in Brand, was zudem immer wieder passiert. Elektroautos hatten übrigens auch bei ihren Batterien diesen konstruktionsbedingten Nachteil, der ja inzwischen durch die thermische Trennung der Zellen behoben ist. Mit dem oben erwähnten Dual Intumescent Material Layer sind sie nun von zwei Schichten Isolationsmaterial umschlossen, die beide bei Hitze aufquellen und zum einen die Batterie umschließen und zum anderen die Zellen voneinander trennen. Bei Diesel- und Benzinmotoren hat bisher noch niemand eine Möglichkeit gefunden, Brände so effizient zu unterdrücken. Batterien können jetzt nur noch brennen, wenn sie beschädigt werden, was Tesla zum Beispiel mit einer Titanplatte verhindert, die alles zerschmettert, was sich den Batterien von unten nähert. Verbrennerautos brennen also nach der bisherigen Datenlage deutlich öfter. Der

Faktor beträgt ungefähr 45. Dazu kommen noch zwei sicherheitsrelevante Nachteile. Während im Elektroauto das schwerste Teil die Batterie ist und im Boden sitzt, sind es bei einem Verbrenner Motor, Getriebe und Tank. Und die sitzen so hoch und sind so schlecht verteilt, dass sie das Fahrzeug instabil machen. Der Schwerpunkt liegt zu hoch, weshalb sich Verbrennerautos leichter überschlagen können. Einem Model S von Tesla ist das in Sicherheitstests bisher nicht gelungen. Die Batterie verhinderte das Überschlagen. Der Schwerpunkt ist dafür einfach zu niedrig. Die Straßenlage eines Verbrenners ist mit der eines Elektroautos kaum zu vergleichen. Sie ist durch die schlechte Verteilung der Gewichte deutlich unsicherer. Diese Fahrzeuge können ins Schleudern geraten oder ganz von der Fahrbahn abkommen, was nicht selten passiert. Der Audi TT und die Mercedes-A-Klasse mussten nachträglich modifiziert werden, damit das nicht zu oft passiert. Bei Elektroautos ist das alles kaum oder nur schwer möglich. Zudem haben Elektroautos eine deutlich verbesserte Knautschzone. Der Motor vorne fehlt. Und so drückt bei einem Unfall kein riesiger heißer Klotz in den Fahrgastraum.

Verbrenner sind wartungsaufwendig

Dazu bedeutet die Technik der Verbrennungsmotoren einen erheblichen Wartungsaufwand. Ich fasse das zuvor Erwähnte nochmal zusammen: Ölwechsel, Riemen und Ketten, die gewartet und ersetzt werden müssen. Ein Verbrennungsmotor hat rund zehnmal mehr Teile als ein Elektromotor und die meisten davon bewegen sich mit einem minimalen Spiel, das unbedingt stimmen muss. Deshalb verschleißen Verbrennungsmotoren deutlich schneller als Elektromotoren. Elektromotoren sind weitgehend wartungsfrei, wie

Autowerkstatt *Foto: Lara Shpineva*

überhaupt Elektroautos kaum Service benötigen. Viele Teile neben dem Motor gibt es gar nicht oder sie werden viel weniger gebraucht. Keine Kupplung, nur ein einfaches Getriebe, keine Kardanwelle (bei Hinterradantrieb), weder Anlasser oder Auspuffanlage noch Katalysator usw. Und keine 80 bis 100 Steuergeräte, wie es sie in jedem Verbrenner gibt, um zum Beispiel Klimaanlage, ABS und Airbags zu steuern. Bei Tesla-Fahrzeugen gibt es nur einen Zentralrechner. Zudem halten die Bremsen rund 300.000 Kilometer, weil meistens mit den Elektromotoren gebremst wird, die dann als Generatoren genutzt werden und die Energie in die Batterie rekuperieren, wie die Rückgewinnung der Bremsenergie genannt wird. Bei Verbrennern müssen die Bremsbeläge nach spätestens 50.000 Kilometern gewechselt werden und später dann auch die Bremsscheiben, was zudem mit erheblichen Kosten verbunden ist. Während Fahrzeuge mit

Verbrennungsmotoren regelmäßig gewartet werden und bei ihnen ab etwa 100.000 Kilometern deutlich mehr Reparaturen anstehen, entfällt vieles davon komplett bei Elektroantrieben.

Keine Inspektion bei Tesla – Wartungskosten beim Verbrenner 10-mal so hoch!

Teslas haben zum Beispiel gar keine Wartungsintervalle. Sie werden durch die Software in die Werkstatt geholt, wenn es nötig ist. Sprich: Die Software meldet sich mit einer Nachricht und fordert dazu auf, einen Werkstatttermin zu vereinbaren. Tesla-Extremfahrer Hansjörg-Eberhard Freiherr von Gemmingen-Hornberg, der mit seinem Model S inzwischen mehr als eine Million Kilometer zurückgelegt hat, gibt die Wartungskosten mit 1.300 Euro auf 100.000 Kilometer an. Laut ADAC liegen sie bei einem Fahrzeug mit Verbrennungsmotor bei einer Laufleistung von 15.000 Kilometern im Jahr bei 60 bis etwa 200 Euro im Monat. Bei 15.000 Kilometern kommen wir also, wenn wir im Schnitt von 150 Euro ausgehen bei einem Fahrzeug in der Klasse des Model S, auf 1.800 Euro pro Jahr. Das sind auf 100.000 Kilometer 12.000 Euro, fast das Zehnfache. Auf eine Million Kilometer sind es 120.000 Euro, wobei beim Verbrenner noch zwei Neuanschaffungen dazukommen dürften. Das heißt: Für eine Million Kilometer in der Model-S-Fahrzeugklasse müssen bei einem Verbrenner geschätzt 300.000 Euro für die Anschaffung ausgegeben werden plus Wartungskosten von 120.000 Euro. Gesamtpreis 420.000 Euro. Beim Model S sind es inklusive Wartung zwischen 100.000 und 160.000 Euro. Also ein Drittel bis die Hälfte der Kosten. Die Treibstoffe wie Diesel, Benzin oder Strom lasse ich mal außen vor, weil sie schwer zu vergleichen sind. Strom ist zwar meistens deutlich günstiger, aber der Ölpreis wird laut Expertinnen und Experten abstürzen, wenn immer weniger fossile Brennstoffe gebraucht werden. Auf der anderen Seite kommen CO2-Abgaben hinzu. Es ist zwar damit zu rechnen, dass auf die lange Sicht fossile Treibstoffe teurer sein werden, aber es ist überhaupt nicht kalkulierbar.

Verbrenner sind eigentlich Heizungen

Hinzu kommt die desaströse Ineffizienz von Verbrennungsmotoren. Lediglich 25 Prozent der Energiemenge werden in Antriebskraft umgesetzt, 75 Prozent in Wärme. Während ein Model S zum Beispiel rund 20 Kilowattstunden auf 100 Kilometer verbraucht, was einem Benzinäquivalent von 2,3 Litern entspricht, liegt dieser Energieverbrauch bei einem Fahrzeug mit Verbrennungsmotor in derselben Klasse mit Prospektdaten beim Dreifachen. Die Effizienz von Elektroautos ist unter Berücksichtigung aller Verluste im Fahrzeug mit mehr als 70 Prozent knapp dreimal besser. Beim Verbrenner kommen noch Verluste durch Förderung, Transport, Raffination und Verteilung hinzu. Beim Elektroauto, das fast ausschließlich über die Ladenetze mit regenerativen Energien versorgt wird, kommen lediglich der Verbrauch bei der Herstellung der Anlagen, der Verlust beim Transport über Stromleitungen und der Ladeverlust bei hohen Strömen hinzu. Aber so oder so: Elektroautos schneiden grundsätzlich besser ab. Auch wenn man den CO2-Rucksack berücksichtigt.

Abgase in die Gesichter von Menschen

Dann stoßen Verbrennungsmotoren auch noch umweltschädliche Abgase aus. Und das tun sie nicht etwa wie Industrieanlagen durch hohe Schornsteine, so dass Menschen nicht geschädigt werden. Sie geben sie genau dort ab, wo sie fahren und sich auch Personen zu Fuß bewegen. Das Verrückte: Die Personen atmen die Abgase dann direkt ein und in der Folge schädigen Stickoxide und Feinstaub ihre Gesundheit. Dazu kommt noch deutlich mehr Feinstaub durch die Bremsen, die bei Verbrennern viel öfter zum Einsatz kommen, da die ja die meiste Zeit mit den Elektromototoren bremsen. Und neben dem CO2-Ausstoß, der dazu führt, dass wir selbst hier in Deutschland inzwischen im Sommer lebensgefährliche Temperaturen erreichen, machen all diese Eigenschaften nach menschlichem Ermessen doch eigentlich Verbrenner nicht zulassungsfähig.

Abgase da wo Menschen sind *Foto: Khunkorn Laowisit*

Cybertruck

Elon Musk behauptet ja immer wieder, nicht an Disruption interessiert zu sein, sondern lediglich an der optimalen Lösung eines Problems. Und dabei sei der erste Tesla, der Tesla Roadster, auch nur ein Mittel zum Zweck, ein Technologieträger. Doch spätestens beim Cybertruck ist das nicht mehr von der Hand zu weisen. Wenn die bisherigen Teslas schon mit ihren wahnwitzigen Beschleunigungswerten alles bisher Dagewesene in den Schatten gestellt haben, dann stellt das Design des Cybertrucks alles bisher als Serienfahrzeug Hergestellte mindestens genauso in den Schatten. Und wenn der Cybertruck nicht mit den Erwartungen der Zielgruppe bricht, was soll dann noch Disruption sein? Oder um es besser zu formulieren: Der Cybertruck ist krass. Auch wenn die Präsentation ein Desaster war und seine Scheiben zersprangen, als Chefdesigner Franz von Holzhausen deren Unzerstörbarkeit mit einer Stahlkugel demonstrieren wollte – dieser Wagen ist aus einer Dystopie entsprungen. Ein Fahrzeug zudem, das nach jetzigen Erkenntnissen nur in den USA zugelassen werden kann. Der massiven Edelstahlkarosserie fehlt eine Knautschzone und sie passt zum Beispiel in Europa in keine Garage und auf keinen Parkplatz. Selbst Tesla muss die Supercharger-Parkplätze umbauen, damit Cybertrucks dort stehen können und neben sie noch ein weiteres Fahrzeug passt. Der Cybertruck ist im wahrsten Sinne des Wortes ein Ungetüm und mindestens genauso unvernünftig wie ein Model S Plaid, das auch schon Parkplatz- und Garagenprobleme hat.

Der Panzer unter den Trucks

Aber vielleicht hat Musk auch hier wieder genau den Nerv getroffen. Wer aus diesem Fahrzeug steigt, macht es als Heldin oder Held. Man fährt zwar einen Panzer, dessen Scheiben mit einer Stahlkugel zerstört werden können, aber ansonsten ist er unkaputtbar. Elon Musk hat es demonstriert: Auf dem Cybertruck kann man herumlaufen. Wer kann neben diesem Pick-up-Truck noch mit einem Ford F-150, dem meistverkauften Pick-up in Nordamerika, anstinken? Und damit könnte dieser Truck genau der richtige für die Zielgruppe der alten weißen Männer sein, die die Welt retten, aber dafür lieber noch mehr auf den Putz hauen wollen. Und die Daten sind mal wieder nicht von dieser Welt: Zuladung mehr als sechs Tonnen! 800 Kilometer Reichweite. Wahrscheinlich werden die Daten bei der Auslieferung 2022 etwas anders sein, aber nicht viel. Teslas Prototypen sind nicht, wie bei traditionellen Autoherstellern, Phantasiegebilde, sondern im Gegenteil sehr nah an der Serie. Der Cybertruck wird vielleicht ein bisschen kleiner als bei der Präsentation, aber vielleicht auch nicht. Musks Äußerungen dazu sind etwas indifferent. Aber eine Überraschung hatte Musk im März 2021 noch in petto: Der Cybertruck wird keine Türgriffe haben. Wie er geöffnet werden kann, verschwieg er aber dann.

Foto: Tesla

Das Ende der Verbrenner

Es gibt also sehr gute Gründe, warum der Verbrennungsmotor im wahrsten Sinne des Wortes zum alten Eisen gehört. In Kalifornien, wie schon erwähnt, der fünftgrößten Wirtschaft weltweit, wenn Kalifornien ein eigenes Land wäre, wird der Verkauf von PKW mit Verbrennungsmotor ab 2035 verboten. Dort dürfen also noch 14 Jahre lang Verbrenner verkauft werden. Dann ist Schluss. In der EU wird über ein Ende 2035 diskutiert und andere Länder werden folgen. Der Verbrennungsmotor ist ein Auslaufmodell, an dem die deutsche Industrie viel zu lange festgehalten hat, was ihr jetzt große Probleme bereiten wird. BMW ist mit dem i3 und dem i8 mit Verve gestartet, hat aber dann wieder die Elektromobilität ausgebremst. Der Volkswagen-Konzern hat das Steuer endlich herumgerissen und auch Zulieferer wie ZF, Bosch und Continental haben Elektroantriebe ganz oben auf ihrer Agenda. Der Rest dümpelt noch etwas träge und uninspiriert vor sich hin. Alles in allem ist die deutsche Autoindustrie aber zu spät dran. Und eigentlich waren die Entwicklung und der Vormarsch des Elektroantriebs vorhersehbar. Aber es ist wie immer: Die alte Technik wird so lange bevorzugt, wie sie bessere Erträge abwirft. Das ist aber immer zu lange, denn schon vorher beginnt der Wandel. Wer erst reagiert, wenn eine Technologie sich schon durchgesetzt hat, wird es sehr schwer haben. Und was nicht vergessen werden sollte: Die fossilen Energieträger überleben nur dank massiver Subventionen. Je nach Berechnung sind das 550 Milliarden bis 5 Billionen Dollar pro Jahr. So rechnet nämlich der Internationale Währungsfonds, der auch die Schäden an der Umwelt mit einberechnet. Wenn auch ein Wert für die Subventionierung von erneuerbaren Energien nur schwer zu berechnen ist: Er liegt in jedem Fall deutlich darunter.

Der CO2-Rucksack von Teslas

Es ist die große Frage beim Thema Elektroautos: Sind sie überhaupt so gut für das Klima, wie immer behauptet wird? Oder entsteht bei der Produktion nicht viel mehr CO2 als bei der Produktion von PKW mit Verbrennungsmotoren? Vor allem das Model S oder noch schlimmer das Model X: Sind sie nicht ein ökologisches Desaster? Wenn das so wäre, dann wären alle Bemühungen, mit Elektromobilität den Klimawandel zu bremsen, vergeblich. Der Verkehr ist nach der Energieerzeugung und der Industrie der drittgrößte Verursacher von CO2. Nur wenn hier durch weniger Flugverkehr, mehr öffentlichen Personennah- und -fernverkehr, vor allem mit der Bahn, Elektromobilität gegengesteuert wird, nur dann kann hier effektiv CO2 minimiert werden. Wenn allerdings im Individualverkehr gar nichts erreicht wird, weil im Prinzip sogar mehr CO2 verursacht wird, dann macht das gar keinen Sinn.

Die berühmt-berüchtigte Schwedenstudie

2017 sorgte die sogenannte Schwedenstudie für ziemlich viel Aufregung. Gegner der Elektromobilität ziehen sie noch heute gerne heran, um Elektroautos schlechtzureden. Das Ergebnis: Elektroautos seien kaum umweltfreundlicher als Fahrzeuge mit Verbrennungsmotoren. Auf die Spitze getrieben: Ein Tesla Model S mit dem größten Akku würde bei der Herstellung sogar 17,5 Tonnen CO2 produzieren. Sparsame Diesel oder Benziner wären dadurch kaum schlechter bei der CO2-Gesamtbilanz als ein Elektroauto. Dabei kommen die 17,5 Tonnen gar nicht in der Studie vor. Die hat sich ein schwedischer Journalist mit Bordmitteln selbst ausgerechnet. Denn erstens ist ein Model S nicht das Standardelektroauto und zweitens wurde die Studie inzwischen korrigiert. Das machen Forschende ja zuweilen. In diesem Fall basierte die Studie auf alten Daten und wurde nachgerechnet. Und potz Blitz: Plötzlich sind Elektroautos nur noch halb so klimaschädlich, und das auch nur laut dieser Studie. Inzwischen beschäftigt sich die Forschung nämlich immer intensiver mit diesem angeblichen CO2-Rucksack und kommt zu ganz anderen Ergebnissen. Immer öfter wird die positive Ökobilanz von Elektroautos belegt. Eine solche Studie wurde von „Transport & Environment“ veröffentlicht. „Transport & Environment“ ist ein europäischer Verbund nichtstaatlicher Organisationen. Sie alle haben sich der nachhaltigen Mobilität gewidmet. Aus Deutschland sind zum Beispiel der Verkehrsclub Deutschland und der NABU, der deutsche Naturschutzbund, mit dabei. Und diese Untersuchung kommt zu durchweg guten Ergebnissen für die Ökobilanz von Elektroautos. Ihr liegen nämlich neuere Daten zugrunde. Und laut diesen Daten ist ein Elektroauto rund dreimal umweltfreundlicher als ein vergleichbares Auto mit Verbrennungsmotor. Elektroautos werden also immer umweltfreundlicher. Aber wie kann das sein? Die Physik hat sich ja nicht geändert? Zum einen wird bei den Studien genauer gearbeitet. Da fällt dann der Transport des Erdöls aus den Förderländern nicht unter den Tisch. Zum anderen werden die Akkus immer besser. Da ändert sich die Physik dann doch ein bisschen bzw. sie wird immer ausgeklügelter angewandt. Die Batterieentwicklung bei Tesla und die riesigen Fortschritte dort sind da nur ein Beispiel. Aber selbst in Ländern, in denen Strom noch zu großen Teilen mit Kohle produziert wird, schneiden Elektroautos besser ab als Verbrenner. Und im europäischen Schnitt stoßen Elektroautos über die gesamte Lebensdauer rund dreimal weniger CO2 aus als Fahrzeuge mit Verbrennungsmotoren. Und da ist die extreme Langlebigkeit noch gar nicht berücksichtigt. Würde die einbezogen, dürfte der Faktor eher bei zehn als bei drei liegen.

Mindestens 50 Prozent weniger CO2

Abhängig ist der CO2-Verbrauch bei der Produktion von Elektroautos und Batterien und bei der Verwendung immer vom Strommix in dem Land, in dem das Auto produziert wird, und von dem Land, in dem das Auto gefahren wird. Dabei stützt sich die Studie auf den Anteil der fossilen Brennstoffe, die für den Strom im jeweiligen Netz verantwortlich sind, und berücksichtigt die Herstellung von Batterien in neueren Anlagen. Denn die Produktion der Akkus benötigt mit am meisten Energie. Fast so viel Strom, wie für den Rest des Fahrzeugs benötigt wird. Deswegen entscheidet vor allem der Energiemix in dem Land, in dem die Batterie hergestellt wird, über den CO2-Rucksack des Elektroautos. In Schweden zum Beispiel mit viel Ökostrom entsteht bei der Akkuproduktion nur wenig CO2. In China, wo sehr viel Kohle verstromt wird, sieht das ganz anders aus. Der größte Anteil des CO2, das von Elektroautos verursacht wird, entsteht allerdings beim Fahren. Und da ist dann entscheidend, wo das Fahrzeug gefahren wird. In Europa ist auch hier Schweden top und Polen mit seinem Kohlestromanteil eher ein Flop. Trotzdem ist auch hier ein Elektroauto immer noch besser als ein Diesel oder Benziner. Immer noch werden hier 30 Prozent weniger CO2 in die Umwelt gepustet als bei einem Verbrenner. Und selbst wenn das Auto mit Batterien aus China in Polen fährt, ist es laut der Studie für 22 Prozent weniger CO2 verantwortlich als ein entsprechendes Dieselfahrzeug und für 38 Prozent weniger CO2 als ein Benziner. Werden die Batterien allerdings in Schweden hergestellt und die Autos dort auch gefahren, dann stößt ein Elektroauto 80 Prozent weniger CO2 aus als ein Dieselfahrzeug und 81 Prozent weniger als ein PKW mit Benzinmotor. In Deutschland sind es rund 56 Prozent, die ein Elektroauto weniger CO2 ausstößt als ein Verbrenner. Damit liegt Deutschland allerdings unter dem EU-Durchschnitt von 63 Prozent. Wichtig für die Berechnung ist auch die Größe des Autos. Denn, was oft unter den Tisch fällt, große und schwere Verbrenner haben einen deutlich höheren Energieverbrauch als Kleinwagen und stoßen damit eben auch deutlich mehr CO2 aus. Ein Model S verbraucht auf Überlandfahrten maximal 30 Prozent mehr Energie als ein Elektrosmart. Vergleicht man es dann mit einem Audi A8, 7er BMW oder der Mercedes-S-Klasse, dann sind die Vorteile nochmal deutlich größer. Das ist eben ein entscheidender Punkt. Viele vergleichen hier Äpfel mit Birnen. Man muss große Elektroautos auch mit großen Wagen mit Verbrennungsmotoren vergleichen. Das ist deshalb so relevant, weil es den weit verbreiteten Gedanken von E-Autos als reinen Stadtautos entkräftet. Deswegen sind große Elektroautos überhaupt nicht unsinnig, selbst wenn große Akkus je nach Herstellung erstmal mehr CO2 verursachen, wobei Tesla zum Beispiel für die Herstellung in den Gigafactories vorwiegend regenerative Energien verwendet. Und die großen Akkus müssen seltener geladen werden und halten länger. Tesla wird in Zukunft Batterien verbauen, die eine Million Meilen, 1,6 Millionen Kilometer, halten. Und jetzt schon zeigt sich, dass die Batterien so lange halten. Dann sieht die CO2-Bilanz selbst für den bei der Produktion verursachten CO2-Rucksack für Batterie und Fahrzeug ganz anders aus, nämlich mit sehr großem Abstand besser als für Verbrenner.

Elcktroautos werden immer klimafreundlicher

Und es gibt noch cinen weiteren Faktor, der oft nicht berücksichtigt wird: Studien sind nur Momentaufnahmen. Es wird vollkommen vergessen, dass auch die Stromproduktion immer umweltfreundlicher wird. Schon mit dem aktuellen Anteil regenerativer Energie von rund 50 Prozent am deutschen Strommix sind Elektroautos deutlich umweltfreundlicher als Verbrenner. In 20 Jahren soll der Anteil auf 90 Prozent steigen. Und was auch zu berücksichtigen ist: Hersteller wie Tesla oder Volkswagen streben bereits heute die CO2-freie Produktion an. Also schon jetzt bewegt sich der CO2-Verbrauch bei Premium-Elektroautos Richtung null, da ja auch der Strom an den allermeisten Ladesäulen aus regenerativen Energien stammt. Und die zitierte Studie steht mit diesen Erkenntnissen nicht allein da. Eine Untersuchung der Universitäten von Cambridge, Exeter und Nijmegen hat ergeben, dass Elektroautos schon jetzt in 95 Prozent der Länder weltweit CO2-ärmer sind als Verbrenner, sogar im Kohleland Polen. Und es gibt noch zahlreiche weitere Studien. Darunter ist inzwischen keine ernstzunehmende wissenschaftliche Studie mehr, die anzweifelt, dass Elektroautos weniger CO2 verursachen als Verbrenner. Im Gegenteil: Immer wenn Studien zu anderen Ergebnissen kommen, tauchen sehr schnell methodische Mängel auf, wie zum Beispiel bei der Studie des Vereins Deutscher Ingenieure (VDI), die Elektroautos die CO2-Vorteile absprach. Schnell war klar: Es wurden veraltete und falsche Zahlen verwendet. Für die Batterieproduktion wurde ein mehr als doppelt so hoher CO2-Wert angenommen und die Verbrauchsdaten der PKW wurden aus den Herstellerkatalogen übernommen, statt hier seriöse Daten zu verwenden. Sprich: In den letzten Jahren ist keine mir bekannte Studie erschienen, die die ökologischen Vorteile eines Elektroautos ernsthaft in Zweifel zieht. Selbst große Fahrzeuge sind ökologischer als Verbrenner, und zwar mit Abstand.

Die CO2-Bilanz von Elektroautos im Detail

Aber wie sähe ein direkter Vergleich aus? Forschende des Umwelt-Campus Birkenfeld der Hochschule Trier haben genau das untersucht. Dabei achtete das Forschungsteam bei den Messungen darauf, dass die Daten echten Fahr- und Nutzungsbedingungen möglichst nahekommen. Dafür haben sie zur Vergleichbarkeit einen VW Caddy mit 1,6-Liter-Benzinmotor analysiert und dann den Antrieb in diesem Fahrzeug gegen einen Elektroantrieb ausgetauscht. Nach der Datenerhebung im Fahrbetrieb bauten sie den Caddy auseinander und sahen sich alle Teile genau an, analysierten die Materialien und deren Herkunft inklusive der Transportwege von Salzgitter, Kassel und Hannover nach Polen, wo die Caddys montiert werden. Dabei untersuchten sie verschiedene Szenarien zur Berechnung der „Break-even-Laufleistung“, also der Laufleistung, ab der ein Elektroauto in der CO2-Bilanz besser abschneidet als ein Verbrenner. Im Best-Case-Szenario mit einer 25,9 Kilowattstunden großen Batterie, die mit Strom aus Wind produziert wird, in einem Fahrzeug, das im Betrieb ausschließlich mit Ökostrom geladen wird, liegt der Break-even bei 17.000 Kilometern. Das ist in dem Fall also die Kilometerleistung, ab der das Elektroauto eine bessere CO2-Bilanz hat als vor seinem Umbau. Ist die Batterie doppelt so groß unter gleichen Produktionsbedingungen, dann ist der Break-even nur um 3.000 Kilometer schlechter und liegt bei 20.000 Kilometern.

Und wenn die Batterie mit Kohlestrom hergestellt wird, erhöht sich die Schwelle auf 35.000 Kilometer. Wird dann noch mit dem aktuellen europäischen Strommix geladen, erhöht sich der Break-even auf 50.000 Kilometer. Und im schlimmsten Fall, wenn die große Batterie mit Kohlestrom hergestellt wurde und mit einem hohen Anteil fossiler Energie geladen wird, dann steigt die Zahl sogar auf 310.000 Kilometer. Allerdings überschreiten Elektroautos diese Grenze erfahrungsgemäß leicht, weil sie viel weniger Verschleißteile haben als PKW mit Verbrennungsmotoren und deshalb – im Falle von Tesla – deutlich länger als eine Million Kilometer halten.
Für die Herstellung der Batterien entwickelten die Forschenden vier Szenarien: Produktion in China mit erheblichem Kohlestromanteil, Produktion in Europa mit dem durchschnittlichen europäischen Strommix, Produktion mit 100 Prozent Solarstrom bei Tesla, Produktion ausschließlich mit Windstrom, die in Zukunft in Europa möglich werden könnte. Chinesische Batterien verursachen so 1.180 Gramm CO2 pro Kilowattstunde. Beim Strommix aus Europa werden noch 531 Gramm CO2 verursacht. Bei Solarstrom sind es noch 92 Gramm CO2-Äquivalent pro Kilowattstunde und mit Windenergie werden sogar nur 15,8 Gramm verursacht. Im schlimmsten Fall entstehen so laut der Studie 36 Prozent des gesamten CO2-Ausstoßes während der angenommenen Lebenszeit eines Elektroautos von 150.000 Kilometern durch die Herstellung der Batterie. Wobei die Forschenden noch keine hohen Laufleistungen berücksichtigt haben. Aufgrund der regenerativen Energie für die Herstellung der Fahrzeuge und des Ökostroms an den Superchargern sind Teslas mit Abstand die Fahrzeuge mit der besten CO2-Bilanz. Laut seinem „Impact Report" erzeugt Tesla sogar mehr Ökostrom, als die gesamte Tesla-Flotte an Strom verbraucht.

Die Trierer Untersuchung betrachtete noch weitere Auswirkungen auf die Umwelt: Sie verglich dabei den Benzinverbrauch mit knapp neun Litern pro 100 Kilometer vor dem Umbau mit dem Stromverbrauch von 23,57 Kilowattstunden auf 100 Kilometer, wobei beide Angaben eher schlechte Werte sind. Dabei wurden auch die Feinstaubemissionen, die Ozonemissionen und die Erschöpfung der Bodenschätze in Kilogramm-Eisen-Äquivalenten betrachtet. Insgesamt hat sich die Studie 18 Kategorien angesehen. In fünf Kategorien ist der Elektro-Caddy dabei Champion: Klimawandel, Smogbildungspotential, Abbau fossiler Ressourcen, natürliche Landumwandlung und Ozonabbau. In der Gesamtbewertung aller Kategorien schneidet der Elektro-Caddy auch am besten ab. Und dabei muss man berücksichtigen, dass der Caddy mit 23,57 Kilowattstunden auf 100 Kilometer einen extrem hohen Verbrauch hat. Ein Tesla schneidet hier immer besser und meistens sogar deutlich besser ab.

Ein ICE verbraucht pro Fahrgast mehr Strom als ein Elektroauto

Die Studie hat übrigens noch eine Überraschung parat: Den Kilowattstundenverbrauch pro Passagier und 100 Kilometer hat sie mit anderen Verkehrsmitteln verglichen. Bei besten Bedingungen, wie Fertigung und Fahren mit Strom aus regenerativen Quellen, sind Elektroautos genauso umweltfreundlich wie Reisebusse oder Züge. Selbst die Bahn gibt an, auf Fernstrecken einen Energieverbrauch vergleichbar mit dem eines Elektroautos zu haben, in dem lediglich eine Person sitzt. Der ICE 3 verbraucht laut Bahn auf 100 Kilometer Strom mit dem Energieinhalt von 2,3 Litern Benzin pro Fahrgast. Das sind 19,94 Kilowattstunden auf 100 Kilometer, umgerechnet aus dem eher niedrig angesetzten Benzinäquivalent von 8,67 Kilowattstunden pro Liter. Geht man von der durchschnittlichen Besetzung eines PKW in Deutschland mit 1,46 Personen aus, dann sind Elektroautos immer verbrauchsgünstiger als Fahrten mit dem Zug. Selbst mein Model S liegt dann bei etwa 14 Kilowattstunden pro 100 Kilometer und Person. Laut der Studie ist das einzige Verkehrsmittel, das eine noch günstigere CO2-Bilanz aufweist als ein Elektroauto, der Elektrobus.

Und wenn man sich die Stromversorgung der Bahn ansieht, dann bricht das Argument der ökologischen Fortbewegung vollends in sich zusammen. Das riesige Kohlekraftwerk Datteln 4 wurde unter

Foto: Rolf Heinrich, Köln

Der ICE 3 verbraucht laut der Bahn pro Passagier mehr Energie als ein Elektroauto

anderem auch für die Deutsche Bahn gebaut. 400 Megawatt der 1.100 Megawatt gehen an die Bahn. Das entspricht dem gesamten Stromverbrauch der Bahn in Nordrhein-Westfalen oder einem Viertel des Stromverbrauchs im gesamten Bundesgebiet. Auch das Kohlekraftwerk Schkopau wurde so gebaut, dass es an der Neubaustrecke Berlin–München den speziellen Bahnstrom mit 16,7 Hertz Netzfrequenz statt der üblichen 50 Hertz liefern kann. Es gehört laut Greenpeace zu den zehn dreckigsten Kraftwerken Deutschlands. Sprich: Ein Elektroauto, das ja an den Ladesäulen zum überwiegenden Teil mit grünem Strom gespeist wird, verursacht grundsätzlich weniger CO2 als ein ICE.

Das Forschungsteam hat übrigens ein Tool entwickelt, mit dem man selbst die CO2-Bilanz seines Elektroautos berechnen kann.

Ein Verbrenner verbraucht deutlich mehr Energie als ein Elektroauto

Bei meinen Recherchen zu diesem Buch wurde es mit der Tiefe der Untersuchungen immer verrückter. Während sich die Verbrennerlobby abmüht, das Elektroauto mit PR und vermeintlich wissenschaftlichen Studien schlechtzumachen, stoße ich auf immer frappierendere Fakten, die die Nachhaltigkeit von Elektroautos belegen. Allein der Vergleich mit der Bahn hat mich doch schon ziemlich be-

eindruckt. Was mir aber wirklich neu war, ist der hohe Energieverbrauch zur Herstellung von Benzin oder Diesel. Dass da Energie eingesetzt werden muss, ist schon klar. Aber ich hatte ehrlich damit gerechnet, dass diese Energie nahezu zu vernachlässigen ist. Ist sie aber eben nicht, und welche wirklich unglaublichen Mengen Energie für die Herstellung und den Transport eines Liters Diesel benötigt werden, das hat mich komplett aus den Socken gehauen.
Laut dem amerikanischen Ministerium für Energie sind es nochmal sieben Kilowattstunden pro Liter Diesel. Sprich: Auf 100 Kilometer Strecke sind das bei einem realistischen Dieselverbrauch von sechs Litern 42 Kilowattstunden zusätzliche Energie, die für Ölgewinnung, Transport und Raffination benötigt werden. Das heißt, dass ein Dieselfahrzeug nochmal zusätzlich zu seinem klimaschädlichen Treibstoff die doppelte Energie eines Elektroautos benötigt. Und allein 1,5 Kilowattstunden pro Liter sind da der Strom, der in Raffinerien verbraucht wird. Also schon dieser Strom stellt auf 100 Kilometer mindestens die Hälfte des Stromverbrauchs eines Elektroautos dar. Und dieser zusätzliche Energieaufwand entsteht bei erneuerbaren Energien gar nicht und bei heimischer Kohle in deutlich geringerem Maße, da Kohle nur auf kurzen Wegen transportiert werden muss und die Raffination wegfällt. Also selbst wenn hohe Kohleanteile für die Energieerzeugung verwendet werden würden, um Elektroautos anzutreiben, was nicht der Fall ist, wären sie umweltfreundlicher. Und dabei darf man nicht vergessen, dass bei der Verstromung von Kohle ein deutlich höherer Wirkungsgrad erreicht wird als bei der Verbrennung von Diesel oder Benzin in einem PKW.
Und selbst wenn diese zusätzliche Energie womöglich regenerativ erzeugt werden kann, ist es einem Verbrenner nie möglich, auch nur annähernd so umweltfreundlich wie ein Elektroauto zu werden.

Denn schon jetzt ist ein Elektroauto durch 50 Prozent regenerative Energie in Deutschland über diesen Strommix deutlich weniger klimaschädlich als ein Verbrenner und wird von Tag zu Tag noch weniger klimaschädlich. Am Ende dieser Entwicklung ist es gänzlich klimaneutral, was Teslas eben aber schon heute sind, da der Strom für die Produktion und der für den Antrieb zum größten Teil aus erneuerbaren Quellen stammt und Tesla sogar mehr Ökostrom produziert, als die Fahrzeugflotte verbraucht.

Wie umweltschädlich sind die Rohstoffe für die Batterien?

Auch um die Zellchemie ranken sich so einige Mythen, die fernab von der Realität sind. Und was vor allem unter den Tisch fällt: die schweren Umweltschäden durch die Erdölproduktion und Verbrennung. Doch wenn man sich lediglich die Umweltzerstörungen in Nigeria vor Augen führt, dann verblassen diese Vorwürfe doch erheblich. Dort gibt es kumuliert jedes Jahr eine riesige Ölkatastrophe, denn es läuft alljährlich so viel Erdöl aus wie bei der Ölkatastrophe der Exxon Valdez. Es herrschen dort wirklich dystopische Zustände. Brunnen sind verseucht, auf dem Grundwasser schwimmt Öl, Mangrovenwälder sind zerstört, die Luft ist erfüllt vom Qualm abgefackelten Öls und, und, und. Die Menschen dort essen und atmen die Rückstände der Erdölförderung. Und die Umweltkatastrophe im Nigerdelta ist nur eines von vielen, vielen Beispielen. Und es sind zum Teil wirklich Märchen, die über die Rohstoffe verbreitet werden, die für die Elektromobilität benötigt werden. Da ist zum Beispiel die Kampagne gegen den Lithiumabbau in den Anden. Hier wird der Eindruck erweckt, Lithium sei ein seltenes Metall, das nur dort im Hochgebirge

Salzsee in Bolivien - Hier gibt es große Lithiumvorkommen *Foto: G. Rama*

zwischen Chile und Bolivien abgebaut werden könne. Schon diese Information ist Unsinn. Es gibt erhebliche Mengen, und nicht nur in den Anden. Ohne Recycling und den Ersatz des Metalls zu berücksichtigen, reichen die weltweiten Reserven bis ca. 2050. Hier in Deutschland kann es beispielsweise in Geothermiekraftwerken gewonnen werden. Es ist in den heißen Thermalwässern enthalten, die die Kraftwerke nach oben pumpen. Tesla wird sein Lithium zukünftig in den USA gewinnen. Dort hat es sich die Schürfrechte gesichert. Und sowieso wird das meiste Lithium in Australien im Bergbau unter Tage gefördert ohne hohen Wasserverbrauch. Denn das ist der Vorwurf gegen den Abbau in den Anden: Es würde unglaublich viel Wasser verbraucht werden. Es entsteht der Eindruck, hier würde Trinkwasser vergeudet werden, was aber nicht der Fall ist. Das Lithium ist in Salz, eingelagert in Salzseen. Es wird also Salzlake abgepumpt und daraus wird das Lithium gewonnen. 2.000 Liter Salzlake werden pro Kilogramm Lithium benötigt. Das klingt erstmal viel. Und in einem Tesla-Akku sind zehn Kilogramm davon. Würde das Lithium für ein Tesla-Akku also in den Anden gewonnen werden, dann wären das 20.000 Liter. Zum Vergleich: Für ein Kilo Rindfleisch werden 15.000 Liter Wasser verbraucht und das ist dann sogar Trinkwasser. Und hält man jetzt den Wasserverbrauch durch die Erdölförderung und -raffinierung dagegen, dann wird nochmal ein anderes Bild daraus: Ein PKW verbraucht pro Liter Treibstoff zwei Liter Wasser. Geht man von einer eher kurzen Lebensdauer eines Akkus von 500.000 Kilometern aus, wären das im Vergleich zum Elektroauto beim Verbrenner sehr niedrig gerechnet 50.000 Liter Wasser bei einem niedrigen Treibstoffverbrauch von fünf Litern auf 100 Kilometer. Halten Teslas aber, wie sich ja herauskristallisiert, tatsächlich eine Million Kilometer, sind es 100.000 Liter Wasser, die ein Verbrenner bei der entsprechenden Laufleistung verbrauchen würde. Wirklich an jedem Punkt zeigt sich, dass Elektroautos grundsätzlich deutlich umweltfreundlicher sind als Verbrenner, selbst wenn sie Lithium aus den Anden verwenden würden, was aber nicht mal generell der Fall ist. Und dafür gibt es einen sehr einfachen Grund: Wenn sie gebaut sind, können sie sich komplett ohne einen erheblichen Verbrauch von Ressourcen fortbewegen. Ein Verbrenner verfeuert unablässig fossile Brennstoffe, was neben dem schädlichen CO2 auch bei der Gewinnung von Erdöl dramatische Umweltschäden verursacht. Und dabei sind die vielen Umweltkatastrophen mit Erdöl noch nicht mal mitgerechnet. Aber unabhängig davon müssen die Produktionsbedingungen von sämtlichen Rohstoffen umweltfreundlicher werden. Und dabei muss auch die Menschenwürde geschützt werden, zum Beispiel dürfen nicht Kinder Kobalt abbauen, wobei sich Tesla hier einer Allianz für faires Kobalt aus kleinen Minen angeschlossen hat. Und all das gilt für Erdöl, Kobalt, Lithium, seltene Erden usw. Bis wir, wie es bei den neuen Tesla-Batterien geplant ist, einen geschlossenen Rohstoffkreislauf haben und deutlich weniger Rohstoffe gewonnen werden müssen, wird es noch dauern. Bis dahin müssen wir den Rohstoffabbau deutlich verbessern. Ihn zu verteufeln ist absurd, denn dann müssten wir nicht nur auf Elektroautos, sondern auf unsere gesamte Zivilisation verzichten. Denn zurzeit werden diese Rohstoffe noch deutlich mehr für Computer, Kommunikation, jegliche schnelle Fortbewegung, Elektronik, Satelliten usw. verwendet. Ohne diese Rohstoffe würde unsere Zivilisation nicht funktionieren.

Die unglaubliche Reise in einem total verrückten Elektroauto

Nach einer überflüssigen Stunde Ladepause, die uns durch die missverständlichen Informationen der Ladesoftware beschert worden war, fuhren wir also weiter Richtung Köln. Jetzt mit Strom satt. Die Batterie war zu 80 Prozent voll. Mehr zu laden macht auch gerade unterwegs kaum Sinn, da die Ladegeschwindigkeit gegen Ende immer weiter abnimmt, um die Batterien nicht zu schädigen. Tesla hat hier ein ziemlich ausgeklügeltes Batteriemanagement, das Schäden an der Batterie zuverlässig verhindert, programmiert. Weshalb die aktuellen Batterien nach heutigem Stand auch rund eine Million Kilometer halten. So wird die Ladeleistung nach rund 13.000 Kilowattstunden geladenem Strom an Gleichstromladesäulen, wie den Superchargern, reduziert, so dass man etwa fünf Minuten länger lädt. 13.000 Kilowattstunden entsprechen beim Model S rund 65.000 Kilometern. Sprich: Man sollte also so oft wie möglich an Wechselstromladesäulen mit Ladeleistungen zwischen 11 und 22 Kilowatt pro Stunde laden, das schont die Batterie und wird auch von der Ladesoftware registriert, so dass der Akku länger leistungsfähig bleibt. Wer also viel Langstrecke fährt und an Superchargern lädt, erreicht diese Grenze schnell. Wer viele Kurzstrecken fährt und mit weniger Reichweite bzw. langen Ladezeiten zurechtkommt, der braucht einige hunderttausend Kilometer, um diesen Zustand zu erreichen. Die Batterietechnologie ist also weit fortgeschritten, aber noch gibt es Einschränkungen. Allerdings ist das Supercharger-Netz sowieso nur eine Zwischenlösung. Denn mit steigenden Batteriekapazitäten werden Zwischenladungen immer seltener nötig. Sprich: „Tanken“ wird es in einigen Jahren für Elektroautos nicht mehr geben. Die Kapazität ihrer Batterien ist dann so groß, dass das Nachladen über Nacht vollkommen ausreichend ist. Dann hält man sein Elektroauto einfach über dem Ladestand, der für die nächste Fahrt nötig ist, und lädt lediglich noch am Start und am Ziel, und das mit der heutigen Batterietechnologie am besten mit bis zu 22 Kilowatt pro Stunde, um die Batterie möglichst pfleglich zu behandeln. Bei Tesla gibt es dafür bereits Destination-Charger. An jedem Urlaubsort, an dem ich bisher war, gab es diese Destination-Charger mit geringerer Ladeleistung. Sie laden den 100-Kilowattstunden-Akku meines Model S in ungefähr fünf Stunden, also über Nacht oder zum Beispiel in den Alpen während einer Wanderung. Der ewige Vergleich mit dem Tanken hinkt durch diese Entwicklung immer mehr, weil das Zwischenladen schon in einigen Jahren durch immer größere Batterien immer überflüssiger wird. Der Tesla Model S Plaid+ hat eine Reichweite von etwa 840 Kilometern. Da braucht man kaum noch Supercharger. Aber eben auch die immer höheren Ladeströme, die insbesondere mit den neuen Batterien von Tesla möglich sind, machen die Diskussionen über die Ladedauer relativ überflüssig. Das heißt, dass der massive Ausbau des Supercharger-Netzwerkes, wo jetzt mit Superchargern in Innenstädten der Versuch gestartet wird, Teslas auch für die städtische Kundschaft attraktiver zu machen, auf einen immer geringeren Bedarf stoßen wird. In der ferneren Zukunft werden solche Ladesäulen an der Autobahn immer weniger benötigt, so dass der Ausbau des Ladenetzes an den Autobahnen irgendwann nicht mehr nötig ist, weil immer weniger unterwegs geladen wird.

Tesla lädt am Supercharger

Foto: Jakob Härter

7

Die ständige Revolution

Es ist Energie in Getränkedosen. Das, was Tesla am Battery Day am 22. September 2020 vorstellte, war nicht mehr und nicht weniger als eine Revolution der Batterietechnologie, eine von vielen. Denn nahezu bei jedem Modell gibt es revolutionäre Neuerungen, die die Fahrzeuge effizienter, einfacher und fortschrittlicher machen. Und dieses Mal steckte die Revolution in den Batterien, die jetzt eher an eine Getränkedose als wie bisher an einen Lippenstift erinnern. Diese Präsentation sollte die Sicht auf Tesla weltweit auf Dauer verändern. Tesla demonstrierte mit einer neuen Batteriegeneration eine bahnbrechende Innovationskraft, eine Batterie, die mit all ihren Optimierungen im übertragenen Sinn das iPhone der Energiespeicherung darstellt. Die Reaktionen der Medien waren aber jetzt zum Teil erstmal eher zurückhaltend. Und von einer Batterierevolution berichtete so gut wie niemand.

Einige kritisierten die Dauer bis zur Marktreife von etwas mehr als zwei Jahren und andere, dass es sich eben nicht um eine Revolution handeln würde. Es bleibt dabei – was auch der Antrieb für mich war, dieses Buch zu schreiben: Tesla wird nicht verstanden. Und in diesem Fall haben viele nicht das Phänomen hinter dieser Präsentation erkannt. Musk stellte zwar nicht die Neuerfindung der Batterie vor, Festkörperakku und andere Innovationen lassen noch auf sich warten. Aber er präsentierte so viele Veränderungen an der konventionellen Lithium-Ionen-Batterie, dass daraus eine dramatisch verbesserte Batterie wurde mit komplett überarbeiteten Eigenschaften. Die Kapazitätserhöhung von 16 Prozent ist da noch der kleinste Fortschritt.

Kosten um die Hälfte gesenkt

Dass aber der Preis pro Kilowattstunde damit um die Hälfte sinkt und diese Zelle in wenigen Minuten geladen werden kann, ist bahnbrechend. Musk setzt damit eine Entwicklung fort, die seit zehn Jahren anhält. Die Preise für Akkus sinken und sinken in einem dramatischen Tempo. 2010 hätte der 100-Kilowattstunden-Akku eines Model S noch rund 100.000 Euro gekostet. Mit der neuen Entwicklung wird Tesla die branchenweit absolut günstigsten Batterien anbieten. 100 Kilowatt dürften dann noch etwa 5.000 Euro kosten. Mit dieser Batterie wird die Welt eine andere sein. Tesla wird damit bis spätestens Ende 2022 die absolut leistungsfähigsten Batteriezellen auf den Markt bringen, die die Welt je gesehen hat. Wobei er jetzt schon die Verwendung des Akkus im Model Y angekündigt hat, das in Grünheide vom Band läuft. Es scheint hier also tatsächlich mal etwas schneller zu gehen als angekündigt. Und auch im neuen Model S Plaid+ sollen diese Zellen bereits verbaut werden. Das soll aber erst Ende 2021 auf den Markt kommen. Schon die Form ist komplett anders als die bisheriger Batteriezellen. Und das spielt eine erhebliche Rolle, da deutlich weniger Platz für die Batteriehüllen und Anschlüsse pro Kilowatt benötigt werden. Die Oberfläche wird im Verhältnis zum Volumen kleiner und so kommt die Hülle mit weniger Material und Gewicht aus. Es wird weniger Ballast mitgeschleppt, der nichts zur Kapazität der Zelle beiträgt. Und die Träger, also die Rahmen, in denen die Batterien unter dem Auto zusammengepackt sind, werden bedeutend einfacher, da viel weniger als zuvor untergebracht werden muss. Fahrzeuge können mit diesem Batterietyp vollkommen anders gebaut werden. Auf Dauer soll gar kein Rahmen mehr verwendet werden, sondern die Batterien sollen Bestandteil

Batteriefertigung für den Tesla Roadster 2010 Foto: Steve Jurvetson

der Struktur des Fahrzeugs werden und es stabilisieren, so dass weniger Material für das Chassis, den Unterbau, verwendet wird. Statt eines Durchmessers von bisher 18 Millimetern und einer Länge von 65 Millimetern beim Batterietyp 18650 (oder 2020 beim neueren Typ 2170 21 Millimeter Durchmesser und 70 Millimeter Länge) wird die neue Batteriezelle nochmal dicker mit 46 Millimetern und länger mit 80 Millimetern. Sie ist jetzt ebenso groß wie eine kleine Getränkedose. Und die neuen Batterien werden pro Kilowattstunde weniger als halb so viel kosten wie heutige Zellen. Dafür wurden das

Zelldesign, die Herstellung der Zellen, also die Methoden, um die Batterien zu fertigen, das Anodenmaterial, das Kathodenmaterial, also die Zellchemie, und die Integration in die Tesla-Fahrzeuge neu durchdacht. Und das Ergebnis ist mindblowing.

Revolution der Herstellung

Das Bild der Batterie von oben ist eine Ikone für diesen Wandel. Eine Batterie, die nicht mit einem Stromableiter, sondern mit hunderten versehen ist. An jeder Stelle der beiden Folien, der Anode, dem Pluspol, und der Kathode, dem Minuspol, die in der Batterie zusammengerollt sind, ist jeweils ein eigener Stromableiter angebracht. Der Effekt: Strom fließt beim Laden viel schneller in die Batterie und beim Entladen aus der Batterie. Und es wird wegen der kurzen Strecke weniger Wärme erzeugt, weswegen der Formfaktor der Batterie vergrößert werden konnte. So entstehen beim Laden und Entladen viel weniger thermische Probleme, viel weniger Wärme. Die Elektronen müssen nicht mehr quer durch die Batterie. Sie legen nur noch ein Fünftel des Weges zurück. Sprich: Auch die gesamte Elektronik wird daran angepasst werden. Das Wärmemanagement kann abgespeckt werden. Das Aufladen könnte schneller als das Auftanken eines Verbrenners funktionieren. Allerdings sind dafür noch andere Hürden zu nehmen. Die Supercharger müssten noch mehr Strom in noch kürzerer Zeit laden können und dabei müssten die Ladeverluste im Zaum gehalten werden, die bei hohen Strömen entstehen. Trotzdem ist diese Technologie allein schon eine revolutionäre Veränderung. Der nächste Faktor ist die Produktion der Zellen. Ein Satz von Elon Musk dazu: „Alles ist falsch, was wir machen! Nur wir versuchen, immer weniger falsch zu machen.“ Eine Philosophie, die man so mancher Person im Ingenieurberuf der deutschen Autoproduktion wünscht. Bei Tesla ist man prinzipiell nicht stolz auf das Erreichte, sondern sieht es als mangelhaft und verbesserungswürdig an. In der deutschen Autoproduktion hat sich seit Jahrzehnten vergleichsweise nur wenig geändert. Lediglich das System der Fahrzeugplattformen für mehrere Modelle seit den 70er Jahren und das Zuliefersystem hat sich gewandelt und dafür die Transportbranche umgekrempelt: „Just in time!" heißt die Devise. Aber auch diese Entwicklung begann schon in den 50er Jahren. Dabei es gibt nur noch geringe Lagerflächen. Alle Teile für die Produktion werden dann ge-

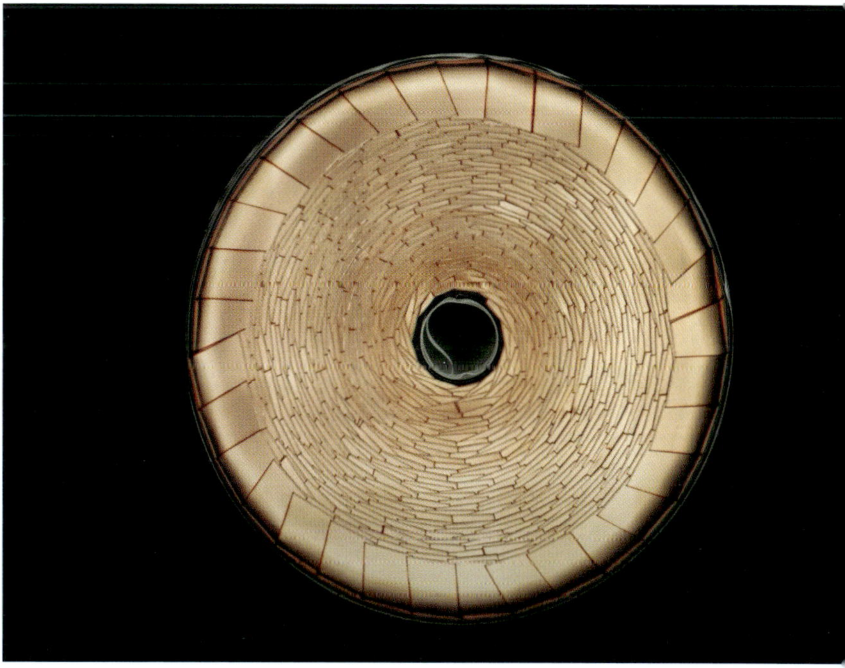

Die neue Tesla-Batterie *Foto: Tesla*

liefert, wenn sie am Band benötigt werden. Bei Tesla ist das komplett anders. Tesla fertigt inzwischen vieles selbst und gibt damit in allen Bereichen immer weniger Kompetenzen ab – sammelt sie in der eigenen Firma. Selbst die Sitze fertigt Tesla inzwischen selbst und hat dafür gerade auch ein Patent für die Sitzheizung und -kühlung angemeldet. Tesla ist in allen Bereichen innovativ. Und es ist eine erhebliche Fehleinschätzung, die Innovation hier lediglich im Bereich der Elektromobilität zu sehen. Auch in der Herstellung ist Tesla weltweit Vorreiter. Der deutsche Autoexperte Ferdinand Dudenhöffer bezeichnete Musk ja anlässlich des Battery Day als Manufacturing Guy. Wortwörtlich sagte er: „Elon Musk ist ein Manufacturing Guy und ist verrückt auf hochautomatisierte Maschinen und genau das erlaubt ihm, wenn seine Kostenschätzungen stimmen, das 25.000-Dollar-Auto. Genau damit ist er dann im Kompaktwagensektor und kann Scales schaffen, die ihm deutlich mehr als zwei Millionen Autos pro Jahr erlauben."
Tesla versucht, die Zeit von der Anlieferung der Rohstoffe bis zur Auslieferung an die Käuferschaft immer weiter zu drücken, womit immer weniger Kapital in den Werkhallen gebunden ist. Tesla produziert seine Autos in rund zehn Stunden. Die Konkurrenz braucht 15 bis 20 Stunden. Und bei einem deutschen Auto können dutzende Sonderausstattungen dazubestellt werden. Dadurch können natürlich erhebliche Erlöse erzielt werden. Ein Porsche kann zum Beispiel durch seine Ausstattungspakete knapp doppelt so teuer werden. Und niemand kauft einen Porsche zum Basispreis aus der Preisliste. Nicht doch lieber die Ausstattungsvariante in Vollcarbon? Für die Fertigung bedeutet das aber schon bei ein paar dutzend Teilen und Features, die man ein- oder eben nicht einbauen kann, Millionen verschiedener Varianten und einen erheblichen logistischen Auf-

wand. Musk hat sich von diesem Prinzip verabschiedet. Zumindest fürs Erste. Autoexperten wie Sven Beiker von Silicon Valley Mobility gehen davon aus, dass er irgendwann auch Teslas individualisieren muss, weil die Klientel exklusive Fahrzeuge erwartet. Aber selbst hier wird Musk zugetraut, eine sehr eigene Lösung zu finden, die nicht hunderte Meter zusätzliche Produktionsstrecken benötigt, sondern zum Beispiel, wie beim Autopiloten, per Software funktioniert. Bei den ersten Model S wurden ja auch die gleichen Batteriekapazitäten eingebaut, aber dann je nach Ausstattung per Software freigeschaltet. Gleiches ist mit Licht, Fahrwerk und Motorleistung denkbar. Beim Model 3 kann man jetzt schon die Beschleunigung von 4,4 Sekunden von 0 auf 100 km/h per Software auf 3,9 Sekunden senken. Kostenpunkt: 1.800 Euro. Zurzeit gibt es von jedem Modell fünf Farbvarianten und zwei bis drei Varianten für die Innenausstattung. Das heißt, für jedes Modell gibt es 10 bis 15 Varianten pro Motorisierungsversion. Welche Kombination in welcher Stückzahl gefertigt und in welche Region geliefert wird, entscheidet ein Algorithmus, denn auch die Herstellung der Teslas wird von einer Software gesteuert. Bei der neuen Batterie ist es dem Fabrikationsteam gelungen, den Produktionsablauf dramatisch zu vereinfachen. Dadurch wird keinerlei Wasser mehr verbraucht (die Zellfolien werden trocken beschichtet). Und das nur am Rande: Die viel diskutierte Wasserfrage für die Fabrik in Grünheide dürfte sich damit in absehbarer Zeit in Wohlgefallen auflösen. Zudem wird für die Fabrik und das angrenzende Gewerbegebiet voraussichtlich ein zusätzliches Wasserwerk gebaut, das vier bis sechs Millionen Kubikmeter Wasser liefern könnte. Wobei auch hier mal wieder der Vergleich so oder so ziemlich hinkt. Tesla plant, 1,4 Millionen Kubikmeter Wasser pro Jahr zu verbrauchen. Wasser, das geklärt, aber wieder in

Gewässer eingeleitet wird, also nicht dauerhaft verloren geht. Mit fossilen Brennstoffen hat Brandenburg ein deutlich größeres Wasserproblem. Nach dem Abbau von Braunkohle werden die entstandenen Gruben mit Wasser gefüllt. Das Wasser dort verdunstet in einem erheblichen Maß. Aktuell sind es rund 90 Millionen Kubikmeter pro Jahr, die einfach so verschwinden, und es werden in der Zukunft mehr als 100 Millionen Kubikmeter Wasser pro Jahr sein, die Brandenburgs Wasserhaushalt verloren gehen. Und mit durch den Klimawandel steigenden Temperaturen wird sich die Menge noch erhöhen. Zurück zu den Batterien: Es wird deutlich weniger Platz für die Produktion benötigt. Das Team für die Fabrikation konnte zusammen mit den Batterieentwicklern zahlreiche Zwischenschritte einsparen und so die Produktion schnell und kompakt realisieren. Tesla will die Produktion von Batterien so skalierbar machen. Es soll auf weniger Platz mit weniger Ressourcen mehr hergestellt werden können, damit die Energiewende schneller vorangehen kann. Für die Produktion von einem Gigawatt Leistung müssen so 75 Prozent weniger investiert werden. Zwar sollen die neuen Zellen auch in Fahrzeuge eingebaut werden, die hohen Speicherbedarf haben, wie den LKW Semi oder den Cybertruck. Allerdings ist Elon Musks Hauptziel, so viele Batterien herzustellen, wie für den kompletten weltweiten Wandel hin zu erneuerbaren Energien benötigt werden, inklusive Heizenergie, also unglaubliche Mengen. Bis 2030 will er eine Produktion von drei Terawattstunden Speicherplatz jährlich erreichen. Das ist 30-mal mehr, als er mit 100 Gigawattstunden für 2022 anpeilt. Und es ist damit rund zwölfmal mehr, als Volkswagen auf seinem Power Day verkündet hat: bis 2030 sechs Gigafactories mit einer Kapazität von jeweils rund 40 Gigawatt pro Jahr. Sprich: Volkswagen hat sich jetzt schon deutlich hinter Tesla bei der Batterieproduktion eingereiht. Tesla benötigt für die ehrgeizigen Pläne so nur noch 20 Fabriken. Aber diesem Ziel nähert sich Musk ja auch mit hohem Tempo.

Neue Zellchemie in verschiedenen Varianten

Zudem wurde die Zellchemie der Batterien so geändert, dass so gut wie keine kritischen Materialien mehr verwendet werden müssen. Silikon statt Grafit, mehr Nickel und kein Kobalt. Das ist die neue Chemie. Aber auch Eisen soll als Ionenträger verwendet werden. Allerdings sollen die Materialien flexibel eingesetzt werden, je nach Verwendung. Bei stationären Stromspeichern für Haushalte werden zum Beispiel preiswertere Rohstoffe eingesetzt, die mehr Platz benötigen, der aber dort im Gegensatz zu PKW nur eine geringe Rolle spielt. Und alle Rohstoffe aus den Zellen sollen recycelt werden können. Die Idee ist ein Rohstoffkreislauf, so dass irgendwann kaum noch zusätzliche Rohstoffe abgebaut werden müssen.

Batterien werden Teil der Fahrzeugkarosserie

Und als letzter Punkt werden die Batterien zukünftig als Stabilisator in die Böden der Tesla-Fahrzeuge eingebaut, so dass sie wie bei den leichten, aber superstabilen Wabenplatten in Flugzeugen nicht nur die Energie speichern, sondern Teil der Karosserie werden. Dadurch wird eine erhebliche Menge an zusätzlichem Material gespart. So entfallen die Batterieträger und weitere Elemente im Fahrzeugboden. Die Elektroautos werden leichter, der Verbrauch sinkt weiter. Zusätzlich werden die Bodengruppen der Fahrzeuge in Zukunft mit neuen Druckgusspressen nur noch aus wenigen Teilen gefertigt. 370 Teile entfallen, was die Kosten für die PKW-Produktion deutlich senken und ganze Produktionsstraßen einsparen wird. Dafür hat Tesla laut Musk ein eigenes Aluminium, also eine eigene Legierung bzw. Mischung, entwickelt, die sich nach dem Gussvorgang nicht mehr verzieht. Auch das eine Revolution im Fahrzeugbau, die zum ersten Mal beim Model Y eingesetzt wird. Und durch all diese Verbesserungen werden dann nicht nur die Batterien günstiger, sondern auch der Rest der Fahrzeuge, was die Produktion eines E-Autos für etwa 25.000 Dollar bis etwa 2023 ermöglichen soll. Wenn das nicht schon früher passiert. Es kursieren Gerüchte, dass Tesla hier mit Toyota ein kleines SUV entwickelt.

Entwicklungszentrum in Berlin

Dafür plant Tesla gerade in Berlin ein Entwicklungszentrum mit 5-7000 Fachleuten, das auf das deutsche Know-how in diesem Bereich zurückgreifen kann. Die Deutsche Bahn kann dann ihre Werbeplakate für die ICEs, die morgens von Berlin nach Wolfsburg fahren und abends wieder zurück, abhängen. Zahlreiche Ingenieurinnen und Ingenieure von Volkswagen leben heute schon in der Hauptstadt. Statt der etwas verschlafenen Retortenstadt ziehen sie das pulsierende Leben in der deutschen Metropole vor. Für sie dürfte Tesla ein sehr attraktiver Arbeitgeber sein. Die Idee des Entwicklungszentrums in Berlin ist auch mal wieder ein kleiner (und fieser) Geniestreich von Elon Musk.

Die unglaubliche Reise in einem total verrückten Elektroauto

In Köln erwartete mich die nächste Überraschung. Zwar war der Akku noch ganz gut geladen, aber am nächsten Morgen wollten wir ja direkt weiterfahren und nicht erst eine lange Pause an einem Supercharger einlegen. Die Suche nach einer öffentlichen Ladesäule in Köln entwickelte sich zu einer richtigen Detektivstory und sie dauerte stundenlang. Köln verfügt über so gut wie keine Ladeinfrastruktur. Vereinzelt gibt es Ladesäulen auf Supermarktparkplätzen, aber die funktionieren nur, wenn die Supermärkte geöffnet sind. Das war die erste Sackgasse. An der ADAC-Geschäftsstelle an der Luxemburger Straße sollte es einen Ladeplatz geben. Doch der war in einem geschlossenen Parkhaus des ADAC. Nach rund einer Stunde Herumfahren und einigen frustrierenden Fehlversuchen entdeckte ich auf einer Ladekarte eine Ladesäule bei Renault. Und tatsächlich: Es gab sie und so lud ich mein Model S jetzt auf dem Firmengelände von Renault. Das war nicht abgesperrt und nachts konnte ich auch niemanden um Erlaubnis fragen. Aber später habe ich einen absoluten Geheimtipp entdeckt: An einer Tankstelle nahe der Innenstadt, versteckt zwischen Bahngleisen, befindet sich tatsächlich eine Schnellladesäule mit 50 Kilowatt Ladeleistung und das Beste ist, dass dort keine Ladekarte verlangt wird und man kostenlos laden kann. Das war wirklich ziemlich verrückt. Und es zeigt, was für ein Wilder Westen Deutschland im Bereich Ladesäulen ist. Manche Städte sind gut versorgt, in manchen, wie in Köln, ist es ein Desaster. Dazu kommt das Ladekarten-Chaos. Es gibt dutzende Anbieter solcher Karten, die man einfach an die Säulen hält und dann so das Laden startet. Aber jede Karte hat ihre Eigenheiten. Manche rechnen das Laden pauschal ab, manche erheben Blockiergebühren nach einem bestimmten Zeitraum. Da fühlt man sich schon ein wenig veräppelt, wenn das Laden noch nicht beendet ist und man erhebliche Strafgebühren zahlen darf. Manche haben besonders niedrige Gebühren, aber nur an bestimmten Säulen. Und manche Ladekarten funktionieren einfach nicht. Ich jedenfalls führe ein halbes Dutzend solcher Karten mit mir und habe auch noch ein paar Ladeapps installiert. Dann kommt

Ein Satz Ladekarten sollte man immer dabei haben *Foto: Christoph Krachten*

man zurecht. Wie Zukunft fühlt sich das noch nicht richtig an. Und wer sich nicht auf ein so zuverlässiges Ladenetzwerk wie das der Tesla-Supercharger verlassen kann, der ist damit verraten und verkauft. Deshalb haben Volker Quaschning, Professor für erneuerbare Energien, der YouTuber Felix Bahlinger und ich eine Petition bei change.org für Elektromobilität gestartet, die auf genau dieses Problem hinweist und fordert, hier etwas grundlegend zu ändern.

Von Verbrennern zugeparkte Ladesäule in Berlin *Foto: Christoph Krachten*

Die Petition

Die Initiative „E-Autos möglich machen!" hat diese Petition an Andreas Scheuer (Bundesverkehrsminister) und Peter Altmaier (Bundeswirtschaftsminister) gestartet. Initiatoren sind die drei Elektroauto-Enthusiasten Christoph Krachten, Felix Bahlinger und Volker Quaschning, die sich manchmal ein wenig wie Abenteurer im deutschen Verkehrsdschungel fühlen, wenn Ladesäulen fehlen, nicht funktionieren oder von Ladesäulen-Raubrittern ausgenommen werden. Unterschreibe für mehr saubere Luft und CO2-freie PKW, die günstig sind und alltagstauglich! Denn immer mehr Studien belegen: Durch Elektroautos wird die Luft in den Städten sauberer und ihre CO2-Bilanz inklusive Herstellung ist mit Abstand besser als bei Verbrennern. Elektroautos sind neben dem Ausbau der Bahn und des ÖPNV sowie der Förderung von Rad- und Fußverkehr der entscheidende Baustein für eine menschen- und umweltfreundliche Mobilität. Vor Jahren setzte sich die Bundesregierung das Ziel, eine Million Elektroautos bis zum Jahr 2020 auf die Straßen zu bringen. Es sind 140.000 geworden. Das ist Politikversagen auf beeindruckende Weise auf den Punkt gebracht. Da hilft selbst der warme Geldregen per Elektroauto-Prämie nur noch wenig. Die Politik und die deutschen Autohersteller (die sich als weltweite Technologieführer sehen) haben es nicht geschafft, dafür die entsprechenden Rahmenbedingungen zu schaffen. Und das größte Versagen liegt hier noch nicht mal bei der Entwicklung und der Produktion der Elektrofahrzeuge, sondern bei der Infrastruktur. Das fängt an bei fehlenden Ladesäulen, geht über Wucherpreise an den Ladestationen, schlechte Beschilderung und endet noch lange nicht bei den langen Lieferzeiten für Elektrofahrzeuge.

Deshalb fordern wir:

1. Flächendeckender Ausbau der Ladesäulen, und zwar bis spätestens Ende 2021. Es kann nicht sein, dass Großstädte wie Köln so gut wie keine Ladesäulen haben. Der Bund muss hier den Bau und die Finanzierung übernehmen, damit der bundesweite Flickenteppich ein Ende hat, weil Kommunen kein Geld oder zu wenig politische Unterstützung haben.

2. Bessere Beschilderung der Ladesäulen, statt PKW mit Verbrennungsmotoren, wie in Berlin, nahezu dazu einzuladen, dort falsch zu parken, bis Mitte 2021.

3. Funktionstüchtigkeit der Ladesäulen. Wer heute mit einem in Deutschland hergestellten Elektrofahrzeug eine längere Reise unternimmt, der hat ein Abenteuer vor sich, weil es noch viel zu wenig Ladesäulen gibt und die wenigen Ladesäulen teilweise noch nicht mal funktionieren. Hier müssen die Betreiber die Funktion garantieren und für Ersatzverkehrsmittel sorgen, wenn die Säulen nicht laden. Hierfür soll die Straßenverkehrsordnung schnellstmöglich geändert werden.

4. Stopp der Wucherpreise an Ladesäulen. Das Wild-West-Prinzip der deutschen Ladekarten-Anbieter mit zum Teil vollkommen überhöhten Preisen muss gestoppt werden. Es muss eine bundeseinheitliche Abrechnung geben, die die Kundschaft nicht am Ende des Monats, wenn sie die Abrechnungen bekommt, böse erwachen lässt. Hierfür fordern wir eine Regelung bis Mitte 2021.

5. Jedes Elektroauto muss an jeder Ladesäule laden können. Hierfür soll eine gesetzliche Regelung bis Mitte 2021 erfolgen.

6. Die deutschen Autohersteller müssen endlich mal den Schalter umlegen und genügend Elektroautos entwickeln und bauen, damit jede Person ein Elektroauto fahren kann und damit auch die Preise sinken. Die Produktion soll bis Mitte 2021 dafür hochgefahren werden, damit die Lieferzeiten sinken. Wer weiter auf Verbrenner setzt, gefährdet die Arbeitsplätze in der deutschen Automobilbranche.

7. Die erneuerbaren Energien müssen in Deutschland deutlich schneller als bisher ausgebaut werden, denn der Strom für die Elektroautos darf nicht aus schmutzigen Kohlekraftwerken kommen.
Nur mit diesen Maßnahmen können wir für eine breite Akzeptanz von Elektroautos sorgen. Denn ansonsten werden wir weltweit, was Umwelt und Verkehr angeht, in Sachen Individualverkehr immer weiter hinterherhinken.

Bitte unterzeichne unsere Petition mit der Aufforderung an die Minister Scheuer und Altmaier, die entsprechenden gesetzlichen Regelungen und Maßnahmen zu ergreifen! Und unterstütze uns dabei, Druck auf Energiekonzerne und Autohersteller auszuüben. Die notwendigen Maßnahmen dürfen nicht weiter auf die lange Bank geschoben werden.

Hinter der Forderung stehen:
Christoph Krachten, Clixoom Science & Future (YouTube), Felix Bahlinger, Felixba (YouTube), Volker Quaschning (Professor für Regenerative Energiesysteme an der Hochschule für Technik und Wirtschaft [HTW] in Berlin)

Mir ist durchaus bewusst, dass das eher ein Spezialthema ist, aber es ist entscheidend für die Durchsetzung der Elektromobilität. Wenn diese Forderungen nicht umgesetzt werden, dann sieht es schlecht aus für all die Model 3, ID.3 und ID.4, Model S usw. Dann wird hier schon bald das Ladechaos in Deutschland ausbrechen – und es ist absehbar.

Die unglaubliche Reise in einem total verrückten Elektroauto

Während wir in Köln übernachteten, konnte der Tesla also prima laden. Apropos laden: Am nächsten Morgen räumten wir Kiras Keller aus, um die letzten Sachen fürs Studium nach Tilburg zu bringen. Da fiel mir erst auf, was für einen riesigen Kofferraum der Tesla hat. Dank des Elektroantriebes bleibt viel Platz, weil zum Beispiel Verbrennungsmotor und ein großes Getriebe einfach mal wegfallen. Das Ergebnis ist neben dem geräumigen Kofferraum im Heck, unter dem sich nochmal ein großer Stauraum befindet, vorne ein weiterer Kofferraum. Es gibt also Platz satt, und wenn man die Rückbank umklappt, bleibt eine Ladefläche mit einer Länge, lang genug für ein Bett. Moment – ein Bett? Ich recherchierte also im Netz danach, ob Leute das schon mal ausprobiert hatten, und staunte nicht schlecht. Da gab es Anleitungen, wie man die Klimaanlage genau so aktiviert, dass der Bildschirm beim Schlafen nicht stört und dass sie auch läuft und man nicht erfriert oder einen Hitzschlag bekommt, während man träumt. Und wenn man dann weiter recherchiert, findet man die Geschichte, dass man das bei Tesla mitbekommen hat und es jetzt einen speziellen Campingmodus gibt, einen kleinen Button, auf den man klickt und der dann dafür sorgt, dass die Klimaanlage, während man schläft, das Fahrzeug perfekt klimatisiert. Und wenn man nochmal weiter recherchiert, findet man Betten, die man prima quasi in einem Bettkasten in den riesigen Kofferraum bekommt, um bei Bedarf daraus ein komplettes Bett mit Matratze und Bettzeug aufzubauen. Was soll ich sagen? Inzwischen bin ich Besitzer eines solchen Bettkastens und es ist ziemlich bequem, darin zu schlafen. Und wenn man das macht, bekommt man noch ein weiteres Feature zu sehen, denn Musk scheint einen ausgeprägten Sinn für Humor zu haben, der manchmal auch etwas albern ist. Irgendwann, ich habe die Zeit noch nicht gestoppt, zeigt der Bildschirm im Armaturenbrett ein Lagerfeuer, das dann, während man schläft, „brennt“. Es ist nicht ganz so albern wie das Furzkissen-Feature (in Deutschland heißt es übrigens „Abgasskandal“), das einem ermöglicht, über die Audioanlage die verschiedensten Furzgeräusche abzuspie-

Der Campingmodus *Foto: Christoph Krachten*

len. Man kann dieses tolle Feature auch spezifisch an jedem Sitzplatz im Auto ertönen lassen. Na toll! Es ist nicht unbedingt ein Hauptgrund, um einen Tesla zu kaufen, aber zeigt auf etwas drastische Weise, wie souverän auf der Plattform programmiert werden kann. Letztlich ist nichts unmöglich. Und das geht von Games, die man während des Ladens im Stand sogar mit dem Lenkrad steuern kann, über Netflix, YouTube oder Twitch, die ebenfalls im Stand verfügbar sind, den Marsmodus für das Navigationssystem bis hin zum Weihnachtsmodus, in dem man dann zumindest auf dem Display den Schlitten des Weihnachtsmannes fährt. Aber eben auch die wirklich nützliche Software zeigt, was möglich ist, und es gibt regelmäßig Updates mit neuen Features, auf die man zuweilen händeringend wartet.

Warten auf das Update

Es ist vielleicht eine der perfektesten Marketingaktionen von Apple. Man kann die Uhr danach stellen. Jedes Jahr erscheint eine neue Version aller Betriebssysteme, und vor allem für das iPhone-Betriebssystem beginnt eine riesige PR-Kampagne, für die Apple so gut wie nichts tun muss. Das beginnt nach zahlreichen Spekulationen im Vorfeld spätestens zur Entwicklerkonferenz im Juni, der Worldwide Developers Conference (WWDC). Hier stellt Apple all die neuen Features vor, die dann im Herbst mit dem neuen Betriebssystem kommen sollen, und schon dort überschlagen sich die Medien mit ihren Meldungen zu den neuen Versionen. Sogar so wichtige Medien wie Der Spiegel und alle anderen großen Zeitungen in Deutschland widmen sich den neuen Versionen ausführlich. Zwei Punkte machen Apple dabei so erfolgreich: Erstens sind iPhones die meistverkauften Smartphones weltweit und zweitens werden sie von den Nutzenden regelmäßig upgedated, was diesem Thema eine erhebliche Relevanz verleiht. Teslas sind die meistverkauften Elektroautos und auch für sie gibt es regelmäßig Updates, wobei Tesla hier etwas anders vorgeht als Apple. Zwei Dinge sind dafür bei Tesla ausschlaggebend und verhindern noch die Apple-Strategie. Zum einen ist der Autopilot immer noch in der Betaphase. Die Software befindet sich also noch vor dem eigentlichen Release, der Version 1.0. Zum anderen ist ein Tesla im Internet of Things das größte und komplexeste Thing. Tesla ist deswegen extrem vorsichtig und liefert neue Versionen erst an wenige aus, Teslarati, die viel und oft fahren. Sie testen die Software dann oft schon in den ersten Stunden. Und diese Ergebnisse fließen dann auch innerhalb von Stunden in neue Releases, neue Versionen, ein. Auf entsprechenden Seiten kann man dann in Echtzeit verfolgen, für wie viele (dort angemeldete) Teslas die neue Version bereitsteht und wie viele auf eine WiFi-Verbindung warten, wie viele sie gerade herunterladen, bei wie vielen sie nach dem Download zur Installation bereitsteht, wie viele die Installation freigegeben haben und wie viele sie gerade installieren und natürlich wie viele sie installiert haben. Es kann also sein, dass nur eine sehr kleine Zahl eine neue Version erhält, weil dann bereits Korrekturen in ein neues Release einfließen und schon die nächste Version zum Download bereitsteht. Bei Version 36 im Jahr 2020 war das sehr beeindruckend und verursachte einen richtigen Hype, weil sie zum ersten Mal innerstädtisches teilautonomes Fahren ermöglichte. Version 2020.36 wurde 668-mal installiert. Dann erschien Version 2020.36.3, die 255-mal auf den Bordcomputern der Teslas landete. Offenbar war hier ein Bug enthalten, der mit Version 2020.36.3.1 behoben wurde, die dann mehr als 4.000-mal installiert wurde. Es folgte Version 2020.36.10 und so weiter und so fort. Teilweise werden die Versionen auch parallel ausgeliefert, weil unterschiedliche Versionen für unterschiedliche Computer in den Fahrzeugen vorgesehen sind, da seit 2014 vier verschiedene Rechner in die Fahrzeuge eingebaut wurden.

In jedem Tesla ist ein Supercomputer

Seit 2019 wird die Full-Self-Driving-Hardware (FSD) eingebaut, ein Computer, der mit zwei für Künstliche Intelligenz optimierten Hochleistungsprozessoren ausgestattet ist. Dabei ist er der Konkurrenz mit einer Leistung von insgesamt 144 Teraflops haushoch überlegen. Bei der Vorstellung gab es einen kleinen Disput mit Nvidia, da sich das Unternehmen in der Tesla-Präsentation falsch dargestellt

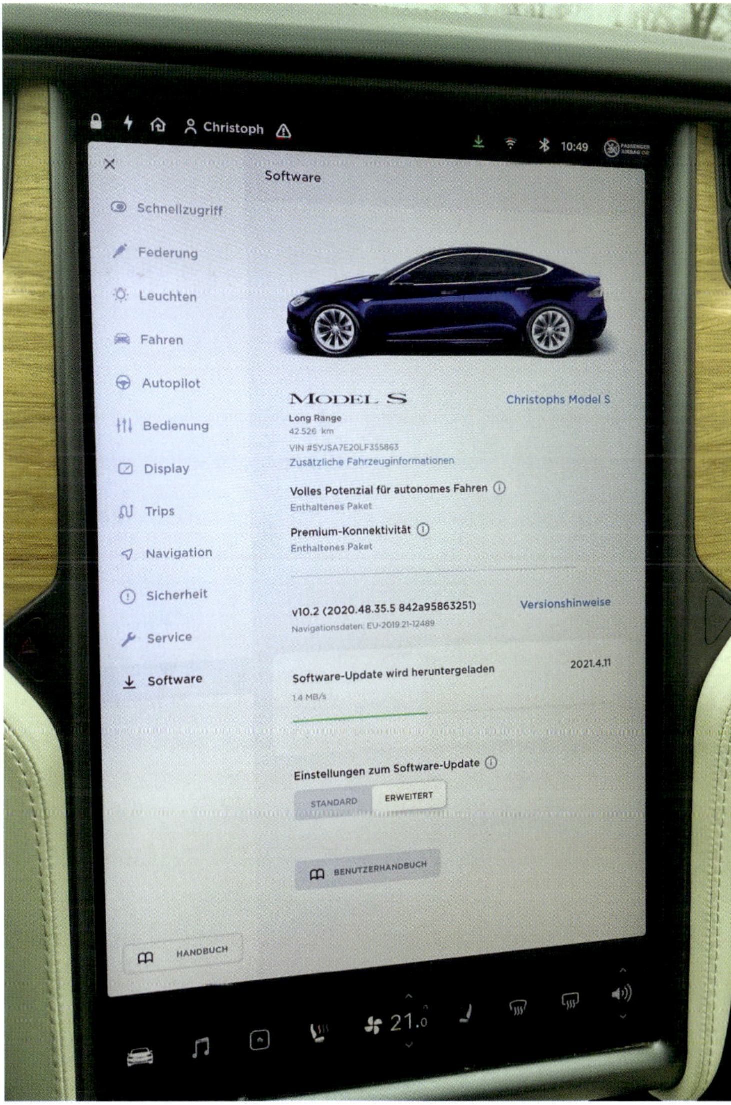

Das Software-Update 2021.4.11 wird runtergeladen *Foto: Christoph Krachten*

gesehen hatte. Anders als Tesla behauptet hatte, verfüge ihr Autocomputer nicht nur über 21 Teraflops, sondern über 30, was aber der Tesla-Hardware immer noch deutlich unterlegen ist. Nvidia bekommt damit kein autonomes Fahren hin. Kein Wunder also, dass das Software-Release der Version 2020.36 für einigen Aufruhr sorgte. Auch ich wurde davon ergriffen und schaute ständig auf mein Smartphone, ob nicht eine neue Version bereitsteht. Irgendwann war es dann der Fall, aber ich wurde schwer enttäuscht. Es war ein weiteres Release der Version 32. Die Versionen 33, 34 und 35 sind nie erschienen, weil die jeweilige Zahl die Woche des Erscheinens benennt. Von da an war ich dann doch etwas aufgeregt. Denn dann wurden auch die ersten Versionen in Europa gemeldet. Sprich: Tesla hatte sich nicht nur um die amerikanische Beschilderung gekümmert, sondern auch schon in dieser Version die europäischen Verkehrsschilder berücksichtigt, was nicht unbedingt zu erwarten war, weil sie sich erheblich von den US-Schildern unterscheiden. Irgendwann schaute ich, wenn es ging, alle paar Minuten in die App, bis es dann am 11. September 2020 irgendwann abends so weit war. Da ich in Berlin-Neukölln wohne, habe ich nicht ständigen Kontakt zu einem WiFi-Netzwerk, sondern muss auf meinem iPhone den persönlichen Hotspot aktivieren. Gesagt, getan. Ich hechtete also in mein Model S, das vor der Tür stand, und lud die neue Version herunter. Es zog sich ziemlich hin und auch die Installation, die ich sofort nach dem Download startete, brauchte fast eine Stunde. Die Testfahrt sollte am nächsten Tag stattfinden, weil ich mitten in der Nacht auch nicht mehr die Muße hatte, alles durchzutesten. Ich brauchte nur nach 2020.36 (die Version war erstmals in Woche 36 erschienen) im Netz zu suchen und schon ploppten dutzende Videos auf. Schon zahlreiche Teslarati hatten die Software ausprobiert und natürlich Videos gedreht. Das ist schon verrückt und vielleicht so etwas wie ein kleiner historischer Moment, der aufzeigt, wie anders Teslas sind und wie sie ihre Besitzerinnen und Besitzer in ihren Bann ziehen. Am Samstag dann bin ich losgefahren und erlebte ein Auto mit vollkommen neuen Fähigkeiten. Es reagierte auf Ampeln und fuhr automatisch mit der gewählten Geschwindigkeit weiter, wenn man die Weiterfahrt mit einem kurzen Zug am Hebel für den Autopiloten bestätigte. Es erkannte Temposchilder (nicht alle) und fühlte sich schon ein wenig wie autonomes Fahren an. Vielleicht war dieses Update im Alltag von eher geringer Bedeutung, weil noch zahlreiche Funktionen fehlten, aber es zeigt zum einen Ausblick auf die Zukunft und zum anderen die Überlegenheit der Fahrzeuge, die sich fast wöchentlich weiterentwickeln.

Zeitenwende: Betaversion für volles autonomes Fahren wird veröffentlicht

Am 21. Oktober 2020 begann dann eine Zeitenwende. Bis dato gab es immer mal wieder die Berichterstattung über autonomes Fahren, das der ein oder andere Hersteller entwickelte. Ich selbst wohnte als Mitarbeiter von auto motor und sport TV sogar in den 90er Jahren einer solchen Technologiedemonstration von Volkswagen bei. In einen VW-Bus waren Unmengen Technik eingebaut worden und er konnte auf einem Testgelände eigenständig seine Runden drehen. Ein damals aktueller Rechner wurde mit einem Echtzeitbetriebssystem betrieben, das selbst auf diesen im Vergleich zu heute lahmen Kisten das Unmögliche möglich machte. Aber seitdem hat sich nicht viel getan. Und obwohl Google, Apple, Uber und viele andere daran forschen oder forschten, immer noch scheint es kein funktionierendes System zu geben, das autonomes Fahren außerhalb eines bestimmten Szenarios ermöglicht, außer vielleicht in Zukunft bei … Tesla. Zumindest sieht es sehr vielversprechend aus. Und das ist wirklich ein wenig skurril: Weil zwei Teslarati offensichtlich Angst haben, die Geheimhaltungsvereinbarung mit Tesla zu brechen, zeigen sie in einem der ersten Videos über die Betaversion, die FSD beta, nicht das System, sondern ihre Reaktion darauf. Und die ist wirklich lustig. Ich fahre ja selbst ein Model S und ich kann mir sehr genau vorstellen, was da gerade passierte. Die beiden erwachsenen Männer juchzen und jubeln und sind vollkommen euphorisch, während ihr Tesla links abbiegt oder anderen Autos am Straßenrand ausweicht. Plötzlich hat das Auto vollkommen neue Fähigkeiten und kann Dinge, die niemand vorher für möglich gehalten hat, insbesondere nicht die Fachwelt. Wer heute einen Tesla kauft und die Option „Volles Potential für autonomes Fahren“ mitbestellt, der bekommt ein Fahrzeug, das bereits über einige sehr bemerkenswerte Fähigkeiten verfügt. Zwar muss in Deutschland die Person am Steuer jederzeit in der Lage sein, die Kontrolle zu übernehmen, aber ein solches Elektroauto kann nahezu selbstständig auf der Autobahn von A nach B fahren. Sprich: Lediglich Spurwechsel müssen von Hand bestätigt werden, das Fahrzeug führt sie dann aber selbstständig (mit den erwähnten Herausforderungen) aus. Das Erlebnis war anfangs noch sehr eingeschränkt. Mit dem Update 2020.40.8.10 vom 21. Oktober 2020 hat sich das aber grundlegend geändert. Bisher lief diese Software auf den Fahrzeugen im Hintergrund im sogenannten Shadowmodus. Das heißt, sie griff überhaupt nicht ein und war auch im Cockpit gar nicht zugänglich, aber lernte bei jedem gefahrenen Kilometer von abertausenden Teslas. Jetzt mit der Betaversion des Full Self-Driving, kurz FSD beta, ist das anders.

Model Y

Für Tesla sind Fahrzeuge Technologieträger und keine Produkte im eigentlichen Sinn. Seit dem Tesla Roadster werden in jedem Fahrzeug und für jedes Fahrzeug neue Technologien getestet, und das nicht nur im Fahrzeug, sondern auch in der Produktion. Durch die starke Vereinfachung und nur geringe Änderungen in der Serie läuft die Produktion hochautomatisiert. Und so ist jedes Fahrzeug eine Weiterentwicklung seines Vorgängers und im Model Y werden schon wieder vollkommen neue Wege gegangen. Das Model Y ist eben nicht nur ein vergrößertes Model 3, sondern auch bei ihm wurden wieder neue Technologien angewandt. SUVs verbrauchen immer mehr Energie als ihre Pendants als Limousine und meistens eben deutlich mehr. Das Model X verbraucht rund 15 Prozent mehr Energie als das Model S. Das sind im Vergleich zum Model S knapp 100 Kilometer weniger Reichweite. Beim Model Y ist man einen anderen Weg gegangen. Statt wie beim Model X aus dem Model S quasi einen Panzer mit schweren Flügeltüren und einer gigantischen Bereifung zu bauen, ging man beim Model Y pragmatischer vor. Das Fahrzeug ist zwar deutlich höher und zehn Prozent größer, aber das alles hält sich da im Rahmen. Und das Model Y konnte ähnlich aerodynamisch wie das Model 3 gestaltet werden. Die Verluste belaufen sich dank neuer Technologien, darunter die Wärmepumpe mit einem Achtfachventil, die das Temperaturmanagement für alle Systeme im Fahrzeug regelt, die temperaturabhängig sind, lediglich auf zehn Prozent, was man zugunsten des Platzes mit bis zu sieben Sitzen und eines deutlich größeren Kofferraums gegenüber dem Model 3 verschmerzen kann. Und das Model Y wurde wieder vereinfacht. Bereits das Model 3 hat nur noch Kabel in einer Länge von 1,5 Kilometern. Beim Model S waren es noch drei Kilometer. Im Model Y sind es nur noch 100 Meter. Erreicht wird das dadurch, dass Anschlüsse im Fahrzeug zusammengefasst sind. Für die Tür bedeutet das zum Beispiel, dass die Schalter und Anschlüsse für Fensterheber, Beleuchtung, Lautsprecher, Türschloss und alle Funktionen des Spiegels in einem Gerät untergebracht sind. Zu diesem Gerät führt dann nur noch ein Kabel vom Zentralrechner. Die Kabelbäume haben sich nämlich als problematischstes Bauteil für die Automatisierung der Produktion herausgestellt. Um sie zu erhöhen, hatte Tesla ja extra den deutschen Roboterhersteller Grohmann gekauft. Doch mit den langen flexiblen Kabeln kommen die Roboter nicht zurecht. Für das Model Y zog Tesla daraus zwei Konsequenzen: Was nicht zu automatisieren ist, wird nicht automatisiert, und zweitens werden die Technik der Fahrzeuge und die entsprechende Fertigung so angepasst, dass immer mehr automatisiert werden kann. Beim Model Y ist der Kabelbaum jetzt so kurz und zudem starr, was Gewicht spart, dass er jetzt tatsächlich von Robotern eingebaut werden kann. Und noch eine Technologie wurde Ende 2020 verändert: die Fertigung der Bodengruppe. Statt aus 370 Teilen wird das Chassis nur noch aus vier gegossen, und später soll es lediglich aus einem Teil bestehen. Das spart eine komplette Roboterstraße, in der knapp 400 Teile zusammengeklebt, genietet, geschweißt und

Foto: Tesla

gelötet werden müssen. In der deutschen Gigafactory in Grünheide soll das Model Y dann direkt mit dieser Technik produziert werden. Musk riskiert damit, wie beim Model 3, eine Produktionshölle. Denn diese Technologie feiert in Grünheide absolute Premiere im Automobilbau. Und wie beim Model 3 wurde das Temperaturmanagement des Model Y weiter optimiert. Für die Klimaanlage und für das Temperaturmanagement der Akkus wird in das Model Y erstmals die besagte Wärmepumpe eingebaut. Typisch Tesla hat sie nicht nur eine, sondern mehrere Aufgaben. Über ein Octovalve, einen Kasten mit acht Ventilen, wird geregelt, was wie stark geheizt oder gekühlt werden muss. So wird Energie eingespart, die wieder der Reichweite zugutekommt. Zwar ist das Model Y eine neue Fahrzeuggattung bei Tesla und damit für die Kundschaft ein vollkommen neues Produkt – aber viel innovativer sind die inneren Werte und neuen Fertigungstechniken. Tesla ist eben immer für eine Überraschung gut. Diesmal sind die meisten unter der Haube versteckt.

Sind Teslas Datenkraken?

Das ist der Quantenvorsprung von Tesla: Mit hunderttausenden Autos sammelt der Energiekonzern ständig Aber- und Abermillionen Daten, um seine Systeme zu trainieren. Und in der Entwicklungsabteilung sitzen hunderte Fachleute, die nichts anderes machen, als die Videos zu labeln. Sprich: Die Aufnahmen der acht Kameras werden zu Tesla übermittelt und dort analysiert. Die Künstliche Intelligenz hinter dem System muss lernen, was was ist. Ist das ein Fahrrad, das ganz normal gefahren wird, ist es auf einem Gepäckträger montiert, wird es geschoben? Jede Möglichkeit muss die Software lernen, und wenn sie dann jeweils gut vorbereitet ist, lernt sie von selbst weiter. Teslas filmen ständig, und welche und wie viele Videos da nach Kalifornien überspielt werden und ob und wie sie anonymisiert werden, weiß niemand. Die Übermittlung erfolgt verschlüsselt. Und die Übermittlung ist für Tesla überlebenswichtig. Ohne diese Daten könnte nicht gelabelt werden und der Autopilot würde in Europa nicht funktionieren. Tesla behauptet, sich hier an den europäischen Datenschutz zu halten. Aber wie das mit Videoaufnahmen aus dem öffentlichen Raum funktionieren soll, ist nicht bekannt. Allerdings sind im Gegensatz dazu die Vorwürfe gegenüber Tesla bei der Wächterfunktion aus der Luft gegriffen. Hierbei überwacht das Fahrzeug, wenn es steht, sein gesamtes Umfeld mit Videokameras. Alles wird aufgezeichnet und kann später angesehen werden. Diese Funktion darf in Deutschland im öffentlichen Raum gar nicht verwendet werden. Videoüberwachung ist in Deutschland nur erlaubt, wenn berechtigtes Interesse besteht und vor dem Betreten des überwachten Bereichs darauf hingewiesen wird. Das ist auf einem öffentlichen Parkplatz gar nicht möglich und deshalb auch einfach nicht erlaubt. Diese Funktion darf nur auf Privatgelände aktiviert werden. Und auch da muss man sich an die Datenschutz-Grundverordnung (DSGVO) halten. Das ARD-Magazin Kontraste hatte diese Funktion an einer öffentlichen Straße aktiviert und gefilmten Personen dann die Videoaufnahmen gezeigt und sie danach gefragt, ob sie es gut fänden, ungefragt von Teslas gefilmt zu werden. Die Einzigen, die hier gegen geltendes Recht verstoßen haben, war das Team von Kontraste. Das ist schon ziemlich dreist, das eigene Fehlverhalten hier dem Hersteller zuzuschreiben und auch journalistisch gelinde gesagt unsauber. Übrigens hat die Berliner Beauftragte des Landes für Datenschutz und Informationsfreiheit, Maja Smoltczyk, einen Lösungsvorschlag. Wenn die Kameras erst aktiv würden, wenn das Fahrzeug erschüttert würde, dann wäre das DSGVO-konform. Laut der Datenschutzbehörde wird diese Lösung bei Tesla in Erwägung gezogen.

Nach langem Warten: Die Betaversion ist da!

Im Oktober 2020 hatte also die neue Version des Autopiloten aus den übermittelten Videodaten offenbar so viel gelernt, dass Elon Musk sie freigab. Noch wenige Wochen zuvor hatte sie auf seiner eigenen Pendlerstrecke noch drei Fehler gemacht, bei denen Musk eingreifen musste. Aber diese Situationen hat sie inzwischen selbstständig gemeistert. Und jetzt soll das System weiter lernen. Nur sehr wenige Teslas konnten die Version 2020.40.8.10 installieren. Anfang 2021 sprach Tesla von rund 1.000 Fahrzeugen, die mit der FSD beta fuhren, und im März 2021 waren es bereits 2.000. Allerdings kommt das Update rund ein Jahr später, als es Elon Musk angekündigt hatte, weil die ursprüngliche Software nicht funktionierte. Für skeptische

Leute ein Grund, Musks Aussage anzuzweifeln, dass das System überhaupt jemals funktionieren würde. Denn alle Konkurrenzunternehmen setzen auf zahlreiche Sensoren. Unter anderem verwenden sie Lidar, ein System zur Abstands- und Geschwindigkeitsmessung mit Laserstrahlen. Musk hält das für überflüssigen Quatsch und ist davon überzeugt, lediglich mit Kameras und Radar die Umgebung der Fahrzeuge ausreichend zu erfassen. Und auf das Radar will er auch verzichten. Der Rollout dieser Betaversion scheint ihm recht zu geben. Sie basiert auf der dreidimensionalen Erfassung aller Objekte und wurde komplett neu geschrieben, um den Autopiloten endlich zum Funktionieren zu bringen. Die Fahrenden sind begeistert, und von großen Fehlern, wie den Phantombremsungen beim bisherigen System, wird auch nicht berichtet. Das scheint vom Tisch zu sein und die Testenden sind überaus begeistert. Das ist auch kein Wunder: Was da jetzt dokumentiert wird, ist absolut mindblowing. Das Display zeigt jetzt eine vollkommen neue Ansicht. Musk hatte ja ein 4D-System angekündigt. Das System soll nicht nur den Raum erfassen, sondern eben auch zeitliche Abläufe, um abzuschätzen, wann welches Objekt in der Zukunft wo sein könnte, um Kollisionen zu vermeiden. Aus den acht Kamerawinkeln wird die Situation erfasst, der Bordcomputer rechnet sie in eine Vogelperspektive um und erfasst die Gegebenheiten dreidimensional. Er schafft somit ein beeindruckendes Abbild der realen Situation, mit der der Rechner zu erstaunlichen Dingen in der Lage ist. Jetzt sind plötzlich gänzlich neue Dinge möglich. Das System kann das Fahrzeug jetzt in einen Kreisverkehr hineinsteuern und wieder heraus. Mit der alten Software war das unmöglich. Zudem meistert das System eine der schwierigsten Aufgaben: das Linksabbiegen. Es kann vollkommen autonom den gesamten Verkehr erfassen und darauf reagieren. Es weicht Fahrzeugen aus, hält an Ampeln und fährt ohne Zutun der Person am Steuer los. In einem Test brauchte das System bei einer Fahrt 35 Prozent weniger Zeit, um die Teststrecke zurückzulegen, als das Konkurrenzsystem von Waymo, einem Tochterunternehmen von Google/Alphabet, das an einem System für autonomes Fahren arbeitet. Bisher wird es ausschließlich in Phoenix im US-Bundesstaat Arizona testweise eingesetzt. Die erstaunliche Erkenntnis des Testers: Waymo vermeidet das Linksabbiegen. Es biegt lieber dreimal rechts ab als einmal links. Und das macht eines deutlich: Während Tesla offensichtlich das System „Verkehr" umfassend verstanden hat, behelfen sich die anderen Systeme mit vielen Sensoren, was aber nicht bedeutet, dass sie wissen, was als Nächstes passieren wird. Und dieses Wissen ist entscheidend. Und es ist nur mit Künstlicher Intelligenz zu erlangen, die Waymo zu Beginn der Entwicklung seines Systems gar nicht eingesetzt hat. Und damit scheint Tesla tatsächlich der Gamechanger zu sein. Dabei sind zahlreiche Faktoren entscheidend: Es beginnt mit der riesigen Flotte. Ständig werden mit den Fahrzeugen Verkehrssituationen erfasst und die Daten zu Tesla geschickt. Damit wird eine fahrende Künstliche Intelligenz (KI) erschaffen, die über einen nahezu unendlichen Erfahrungsschatz verfügt. Sie kennt fast alle Situationen, die zu Unfällen führen, und kann diese vermeiden. Das Labeling-Team labelt nicht nur Gegenstände und Situationen, um die KI bei Tesla zu trainieren. Es labelt Situationen, Verkehrsteilnehmende und ihr Verhalten. Auf dem Autonomy Day 2019 demonstrierte es das anhand eines Fahrzeugs, das unvermittelt die Spur wechselt. Damit hat die KI eine Kategorie für Fahrzeuge, die für Menschen unvorhersehbar die Spur wechseln. Die KI kann das jetzt mit einer Wahrscheinlichkeit prognostizieren und die Fahrweise anpassen. Sprich: Die KI kann für jeden Menschen, der egal in welchem Fahrzeug oder zu Fuß am Verkehr teilnimmt, mit einer höheren Wahrscheinlichkeit als jeder Mensch vorhersagen, was er als Nächstes tun wird, weil sie über einen viel größeren Erfahrungsschatz verfügt. Das hat KI in der Forschung bereits zur Genüge gezeigt. Nach einem Training erkennt sie stets mehr als die Forschenden, wie zum Beispiel Supernovae in alten Daten. Und gerade in brenzligen Situationen im Straßenverkehr ist diese Fähigkeit von KI entscheidend und da leuchtet dann auch ein, warum Radar und Lidar nicht helfen. Sie können nur messen, wo sich ein im Zweifelsfall unbekannter Gegenstand befindet und woher er mit welcher Geschwindigkeit kommt. Elon Musk bemängelt insbesondere bei Radar das schlechte Signalrauschverhältnis, also zu viele Störungen im Signal, und die wenigen Daten bzw. die geringe Bitrate, die es übermittelt. Zahlreiche Informationen, die nur Bilder und Videos liefern können, fehlen ihnen. Das System muss aber die Zukunft voraussehen können – und dabei helfen diese Sensoren nicht. Viel hilfreicher ist es, das Objekt und auch das Verhalten zu erkennen und dann vorherzusagen, was wer in welcher Situation als Nächstes macht. Es ist nachvollziehbar, dass Kamerabilder, die neben der Entfernung und Geschwindigkeit viel mehr Informationen liefern, die viel besseren Sensoren für eine KI sind. Und nur mit diesen Informationen kann sich dann eine KI ein wirklich umfassendes Bild von der Realität machen. Elon Musk könnte recht behalten, dass ein Tesla so viel sicherer als jeder Mensch fahren kann. Und Tesla trainiert seine KI nicht mit Simulationen, sondern eben mit echten Videos von echtem Verkehr, und dort gibt es eben nichts, was es nicht gibt. Und wenn das Labeling-Team irgendetwas Seltsames entdeckt, dann sucht es in den weltweiten Daten der gesamten Flotte nach Ähnlichem und trainiert die KI damit. Der Vorteil

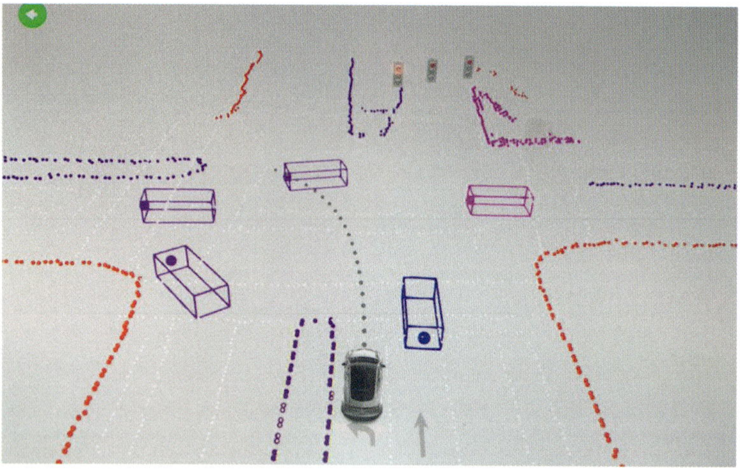

FSD beta *Foto: Kimberly Paquette*

des Systems „Verkehr“: Wie ein Brettspiel funktioniert es nach ganz konkreten Regeln. Und diese Regeln sind sogar auf dem kompletten Planeten mit sehr geringen Abweichungen gleich. Wie perfekt eine Künstliche Intelligenz ein solches System beherrscht, das hat DeepMind gezeigt. Die Google-Tochter hat mit ihrer KI AlphaGo den besten Spieler des Spiels Go der Welt programmiert und den letzten menschlichen Weltranglisten-Ersten geschlagen, dreimal hintereinander. Und dabei überflügelt die Software inzwischen sogar, ausschließlich mit den Spielregeln gefüttert, jeden Menschen und entdeckt neue Spielzüge. Die FSD-Software von Tesla orientiert sich noch sehr nah am menschlichen Fahrverhalten und nimmt auch die Reaktionen der Menschen am Steuer von Teslas als Informationen für ihre KI. In Zukunft könnte das überflüssig werden, wenn die Tesla-KI dann sogar Fahrmanöver findet, die uns vollkommen fremd sind, aber viel sicherer.

Sandy Munro ist Autoexperte in den USA und hat Tesla auf dem Kieker. Wobei er dafür von den Konkurrenzunternehmen bezahlt wird, die von ihm eine detaillierte Analyse der Autos bekommen. Immer wieder nimmt er Teslas auseinander und lässt kein gutes Haar an ihnen. Wobei seine Untersuchungsergebnisse immer besser ausfallen. Beim letzten Model 3, das er auseinandergenommen hatte, war er mit der linken Seite schon sehr zufrieden. Allerdings war es seiner Ansicht nach rechts schief und krumm zusammengebaut. Aber das wäre schon ein Fortschritt, denn bei einem der ersten Model 3 hätte er sich fast übergeben müssen. Und von der Technik ist er absolut beeindruckt. Die Motoren seien hochentwickelt. Sie seien kleiner und leichter als die der Konkurrenz, aber viel leistungsfähiger. Vom Autopiloten bzw. der Software für das autonome Fahren war er gar nicht begeistert, bis er in einem Tesla mit der FSD beta mitgenommen wurde. Munro war ziemlich beeindruckt. Seine höchsten Erwartungen an Software für autonomes Fahren seien übertroffen worden. Von einem Skeptiker des autonomen Fahrens ist er offenbar zu einem Überzeugten geworden. Denn das ist wohl das absolut Beeindruckende an der Betaversion: Sie ist menschlich. Während die Vorversionen noch übervorsichtig und zögerlich fuhren, weil sie zum Beispiel nicht berücksichtigten, ob eine Person, die sich zu Fuß der Fahrbahn nähert, vor oder hinter dem Fahrzeug die Straße überqueren will, kann das die Betaversion durch die Berücksichtigung des Zeitfaktors ziemlich genau einschätzen. Munro meint, er sei ein aggressiver Fahrer und die FSD-Software sei es auch. Sprich: Autonom fahrende Teslas halten nicht mehr den Verkehr auf, weil sie jede Situation zögerlich angehen, sondern sie analysieren Situationen menschlich und finden einen schnellen und effizienten Weg, Verkehrssituationen zu bewältigen. Allerdings gibt es noch immer

Berichte über Situationen, in denen die Betaversion voll versagt und Unfälle provoziert. Noch ist nichts passiert, weil weiterhin die Fahrenden die volle Verantwortung tragen und bei der Betaversion auch besonders aufmerksam sein müssen. Aber es scheint so, als ob die Betaversion bestimmte Situationen immer wieder falsch einschätzen würde. Dazu kommen noch zahlreiche andere Fragen: Was macht das System, wenn die Kameras verschmutzt werden, wenn die Sonne blendet oder es so stark regnet, dass kaum noch etwas zu sehen ist? Nur dann, wenn diese Fragen beantwortet sind, wird dieses System die versprochenen Robotaxis ermöglichen. Trotzdem kann die Software Dinge, von denen die Konkurrenz noch meilenweit entfernt zu sein scheint. Wenn sich die Software tatsächlich so weiterentwickelt wie in den letzten Monaten und wirklich fehlerfrei autonom fahren kann, dann hätte Elon Musk mal wieder alle Zweifelnden Lügen gestraft und wohl Unmögliches möglich gemacht. Bis dahin ist es vermutlich noch ein langer Weg, doch vielleicht funktioniert die Software auch schon perfekt, wenn dieses Buch erscheint. Mit meinen Erfahrungen kann ich aber sagen: Wem sein Leben lieb ist, der weiß, dass man solchen Systemen NOCH nicht zu 100 Prozent vertrauen kann und es auch nicht darf. In Deutschland soll autonomes Fahren ab 2022 in bestimmten Szenarien erlaubt sein. Vielleicht ist die FSD-Software von Tesla dann tatsächlich ausgereift und Teslas werden die ersten autonomen Fahrzeuge auf deutschen Straßen sein und könnten dann zum Beispiel bereits im Shuttle-Verkehr eingesetzt werden.

Die unglaubliche Reise in einem total verrückten Elektroauto

Weiter ging es nach Brüssel, wo wir einen Freund von Kira besuchten. Und da zeigten sich dann doch die Nachteile eines so technisch fortgeschrittenen Fahrzeugs mit Internetzugang, Appsteuerung usw. In der Tiefgarage vor Ort machte ich nämlich einen verhängnisvollen Fehler. Inzwischen hatte ich mich schon daran gewöhnt, den Wagen über das iPhone per Face-ID zu öffnen. In der App einfach auf den Button für das Öffnen des Wagens tippen, in die Kamera schauen – und wie von Wunderhand öffnet sich mein Model S. Was macht man aber, wenn zwei Welten aufeinanderprallen, moderne Technik und Realität. Die Realität war die Tiefgarage, denn hier gab es keinen Mobilfunkempfang und damit auch kein Internet, also auch keine Appsteuerung. Der Tesla hatte sich automatisch geschlossen, aber er war per App einfach nicht zu öffnen. Und der Schlüssel, also das Kästchen in Form des Teslas, mit dem man den Wagen per Fernbedienung öffnen kann, lag in einer Jackentasche auf dem Rücksitz. Wie gerne hätte ich jetzt so einen ganz normalen Autoschlüssel gehabt, den man ins Schloss steckt, umdreht, und der Wagen öffnet sich. Aber die schicken Griffe, die automatisch zum Öffnen aus der Karosserie fahren und danach, um die Windschlüpfrigkeit zu erhöhen, wieder einfahren, haben gar kein Türschloss. Es gibt keinerlei mechanische Möglichkeit, das Auto zu öffnen, rein gar keine. Nur den Service kann man anrufen. Und tatsächlich kam dann nach etwas Wartezeit eine Pannenhilfe, die Erfahrung mit Tesla hatte. Allerdings war schnell klar, dass es keine andere Möglichkeit gab, den Wagen zu öffnen, als an den Schlüssel auf dem Rücksitz zu kommen. Doch der Mann vom Pannendienst war unglaublich. Er war mit seinem Werkzeug und einem langen dicken Draht so geschickt, dass er in der Lage war, den Schlüssel aus der Jackentasche zu friemeln und das Fenster an der hinteren Tür so weit aufzudrücken, dass er den Schlüssel hindurchziehen konnte. Wirklich Hammer und ein klares Zeichen dafür, dass technische Entwicklung nicht immer auch eine Weiterentwicklung bedeutet. Ich fände es schon toll, wenn es irgendeine Möglichkeit gäbe, den Wagen im

Notfall zu öffnen. Es ist ein bisschen so wie bei Apple. Alles ist unglaublich weiterentwickelt, aber es gibt Einschränkungen, die das Produkt zwar elegant machen, aber eben auch unpraktisch. Beim iPhone hat es und wird es nie einen Steckplatz für SD-Karten geben. Speicher soll teuer gekauft werden und der Datentransfer funktioniert nur über Apple-Protokolle wie AirDrop. Nur die funktionieren halt nicht so zuverlässig wie eine Speicherkarte, die man einfach reinsteckt. Apple eben und jetzt … Tesla eben.

Foto: Christoph Krachten

Tesla in Tiefgarage - Seinen Schlüssel sollte man nicht drinnen vergessen

8

Geschichte wiederholt sich – Tesla als das neue Apple

Die Parallelen zwischen Apple und Tesla sind verblüffend, auch wenn sie nicht auf Anhieb ins Auge springen. Denn anders als bei Apple scheint die Tesla-DNA nicht von den eigentlichen Gründern zu stammen, sondern von dem Mann, der sich an die Macht geputscht hat. Und dort hält er auch die Stellung im Gegensatz zu Steve Jobs und lässt sich nicht herausdrängen, trotz seines kreativen Führungsstils. Sieht man sich allerdings die Phase ab 1997 an, als Steve Jobs wieder die Führung bei Apple übernommen hatte, dann sind die Ähnlichkeiten frappierend.

Wie Tesla unter Elon Musk erschuf Apple unter der Leitung des Gründers vollkommen neue Produkte und Produktkategorien und mit dem iPhone ein Produkt, bei dem die bisherigen Hersteller sogar die grundsätzliche Funktion anzweifelten, wie bei Tesla. Expertinnen und Experten hielten es teilweise sogar für ein Smartphone, das so gar nicht funktioniere könne, einen Fake. Sie lagen komplett daneben und es zeigte sich schnell, dass Apple die gesamte Handyindustrie abgehängt hatte. Und das ist jetzt exakt genauso bei Tesla der Fall. Kein Autohersteller weltweit konnte sich vorstellen, dass ein No-Name ein konkurrenzfähiges Auto entwickeln und auch noch die zugehörigen Autofabriken aus dem Boden stampfen könnte. Sie hatten sich geirrt, genauso wie die Branchenfachleute damals bei Apple. Und deshalb, weil es dieses Beispiel schon gibt, kann man die Zukunft von Tesla so gut vorhersagen. Tatsächlich verlief die Entwicklung, die Steigerung des Umsatzes, bei Tesla in den Jahren 2016, 2017 und 2018 absolut synchron mit der Umsatzentwicklung acht Jahre zuvor bei Apple. Also auch die Zahlen bestätigen diese These zumindest zeitweilig auf verblüffende Weise, obwohl es sich um zwei so unterschiedliche Branchen handelt und die Herausforderungen so verschieden sind. Technisch so innovative Lösungen stoßen offenbar generell auf ein ähnliches Interesse bei den Menschen. Für die einen ist es ein Must-have, die anderen bleiben bei technischen Veränderungen erstmal skeptisch.

Die Konkurrenz hat zu lange geschlafen

Und tatsächlich geschieht jetzt in der Branche genau das, was acht Jahre zuvor bei Apple geschah. Die Konkurrenz schläft zwar nicht, aber sie hat zu lange geschlafen bzw. sie hat sogar versucht, durch Betrug eine veraltete Technik als umweltfreundlicher als Elektroautos zu verkaufen. Und wie bei Apple haben sich die alten Marktteilnehmer mit der Rückwärtsgewandtheit keinen Gefallen getan. Statt über Batterien herzuziehen, die zu schnell kaputtgehen, über fehlende Ladeinfrastruktur, über die chinesischen Akkuhersteller, die ja schon so viel mehr wissen als deutsche Autohersteller, usw., hätten sie handeln müssen. Stattdessen haben sie die Entwicklung offenen Auges verschlafen. Das klingt zwar ziemlich dumm und naiv, aber obwohl sie wussten, dass die immer strengeren Umweltvorgaben für PKW das Bauen von Verbrennern unmöglich machen würden und obwohl sie bei Tesla gesehen hatten, dass praktikable und sogar fortgeschrittene Elektroautos technisch möglich sind, haben sie an der alten Technik festgehalten. Genauso wie die Handyhersteller am Technologiewechsel in Richtung Smartphone gescheitert sind. Und vielleicht ist der Elektroantrieb nicht der Weisheit letzter Schluss, aber er ist eben zurzeit der mit Abstand umweltfreundlichste Antrieb. Und jeder Mensch, der sich auch nur im Ansatz ernsthaft damit auseinandergesetzt hat, hätte das erkennen müssen. Doch ist es wie immer bei alteingesessenen Industrien: Die alte Technik wirft so exorbitante Gewinne ab und die neue Technik erfordert so riesige

Foto: Volkswagen

Nach der Produktion wurden die VW ID.3 erstmal auf Halde gestellt, weil die Software noch nicht fertig war

Investitionen. Da ist die Entscheidung für Bosse, die keine Zukunftsperspektive entwickeln können, keine Frage. Zudem hängen ihre Boni nicht von zukünftigen Erträgen ab, sondern von den aktuellen. Vielleicht einer der Hauptgründe, warum die deutsche Autoindustrie so ein Beharrungsvermögen hat. Such is life. Oder: Wer nicht mit der Zeit geht, geht mit der Zeit. Spätestens durch die Pandemie wurden die Autokonzerne in die Knie gezwungen. Und das auch wegen ihrer Rückwärtsgewandtheit. In ihren Bordcomputern setzen sie die niedrigpreisigen Display-Driver-Chips ein. Die Geräte sind so entworfen, dass sie die Aufgaben, für die sie programmiert sind, gerade so erledigen können. Flüssiges Arbeiten erlebt man höchst selten bei den Minicomputern, und auch im Volkswagen-Elektroauto ID.3 legt das System erstmal eine Gedenksekunde ein, bevor es einen Befehl ausführt. Indem preiswerte Chips eingebaut werden,

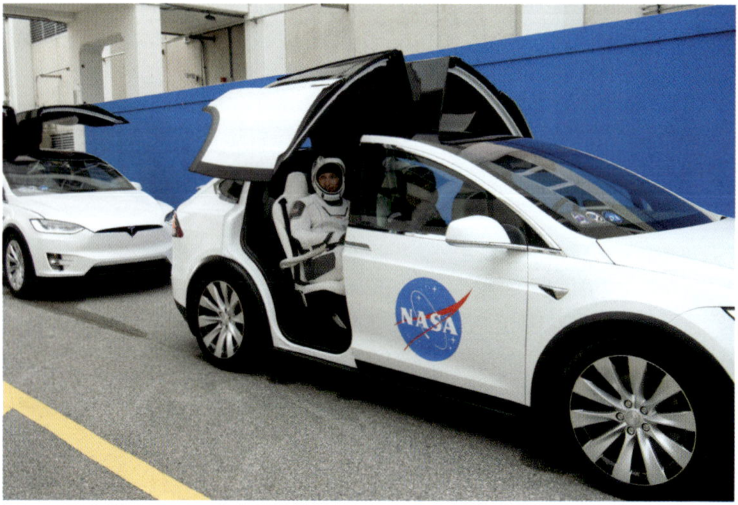

Das Model X wird auch bei der NASA eingesetzt *Foto: Steve Jurvetson*

kann eine Menge Geld gespart werden. Zu Beginn der Lockdowns in den verschiedenen Ländern haben nahezu alle Autokonzerne ihre Bestellungen für Chips reduziert, weil sie mit einem Absatzrückgang konfrontiert waren, und danach haben sie ihre Bestellungen wieder erhöht. Doch anders als ZF, Bosch oder Continental, die klassischen Autozulieferer, ist die Chipindustrie überhaupt nicht von der Autoindustrie abhängig. Deswegen müssen die Autohersteller hintenanstehen mit ihren Billigchips. Und das heißt, dass sie 2021 ihre Produktion drosseln müssen, weil sie nicht ausreichend Chips bekommen. Anders dagegen Hersteller von hochentwickelten Computern wie Apple oder eben Tesla. Mit ihren Chips werden höhere Margen erzielt und während der Pandemie schnellten bei Apple die Verkaufszahlen nach oben und Tesla konnte seine Verkaufszahlen ebenfalls wie geplant erhöhen und verkaufte 2020 knapp die anvisierten 500.000 Elektroautos. Es waren 499.600. Aber die Chips sind nur eines von vielen Problemen, die die traditionellen Hersteller selbst verursacht haben.

E-Autos von VW, Mercedes, BMW usw. nicht konkurrenzfähig

Ein großes Problem ist jetzt durch die erhebliche Verzögerung bei der Entwicklung von Elektrofahrzeugen, dass die Stromer von VW, Audi, BMW und Mercedes einfach nicht konkurrenzfähig sind. Das fängt schon beim Ladenetz an. Während Tesla mit dem Verkaufsstart des Model S begann, in den USA und wenig später in Europa ein Ladenetz mit Schnellladestationen aufzubauen, meckerten die deutschen Hersteller jahrelang nur rum, warum es keines gäbe, und begründeten damit, warum sie keine Elektroautos bauen könnten.

Der Gerechtigkeit halber muss allerdings gesagt werden, dass sie zwar Elektroautos entwickelten, aber mit angezogener Handbremse. Der i3 von BMW oder der Elektrosmart sind hier Beispiele. Sie dienten aber eher als Feigenblätter und waren lediglich für den Stadtverkehr gedacht. Und sie wurden irgendwie lieblos mitgeschleppt. Beim Smart electric drive wurde sogar der Appzugang, den es immerhin gab, nach fünf Jahren 2018 einfach abgeschaltet. Daimler hat so ganz klar gezeigt, was dem Konzern seine Elektroauto-Kundschaft wert ist, nämlich nichts. Unvorstellbar bei Tesla. Tesla zeigte auch mit seinem Supercharger-Netz, dass es alle Probleme zeitgleich anging und löste. Heute kann man mit einem Tesla Langstrecken mit keinerlei Einschränkungen gegenüber einem Verbrenner in den USA und Europa zurücklegen. Durch die V3-Supercharger sind die Ladezeiten inzwischen auf rund 20 Minuten gesunken.

Enttäuschende E-Autos der Konkurrenz

Die jetzt mit reichlich Verspätung vorgestellten E-Autos der traditionellen Autohersteller sind aus meiner Sicht weiterhin meist eine herbe Enttäuschung. Noch immer scheint in Verbrennerkonstruktionen E-Technik gefriemelt zu werden und nur wenige Konstruktionen, wie der Porsche Taycan oder der darauf basierende Audi e-tron GT, sind genuine Elektroautos. Weiter halten die Produzenten offenbar daran fest, PKW mit Technik herzustellen, die nicht auf dem aktuellsten Stand ist. Fahrleistungen, Fahrwerk usw. sind, wie zu erwarten, absolute Hightech. Aber bei der speziellen Technologie von Elektroautos scheinen die traditionellen Hersteller den Anschluss verloren zu haben. Der ADAC bemängelt zum Beispiel beim Audi e-tron und beim Mercedes EQC deutlich geringere Reichweiten als angegeben. Die Fahrzeuge scheinen so kaum langstreckentauglich. Und bei der Ladetechnik haben die Elektroauto-Novizen wohl auch noch Nachholbedarf. Der Spiegel bemängelt, dass die Elektroautos zu langsam laden, womit sich jede längere Reise unnötig in die Länge zieht. Während zum Beispiel ein Model S selbst an einem älteren V2-Supercharger einen großen Teil der Zeit mit 130 bis 140 Kilowatt pro Stunde lädt, reduziert sich die Ladeleistung beim ID.3 nach Erreichen von 30 Prozent Akkustand langsam, bis sie bei 60 Prozent Akkustand nur noch 60 Kilowatt pro Stunde beträgt, konstatiert das Nachrichtenmagazin. Damit kommt man im wahrsten Sinne des Wortes nicht weit. Und bei der IT, der Computertechnologie, rächt es sich, dass viele Hersteller immer noch auf Lowtech setzen. Das Fachmagazin auto motor und sport bemängelt beim ID.3 neben der schlechten Software vor allem auch die Hardware. Sie sei langsam und unzuverlässig. Das ist letztlich nichts Neues. Schon immer setzten Autohersteller auf Hardware, die die Aufgaben so gerade erfüllen kann. Auf die Idee zu kommen, dass man sogar für die Zukunft einen überdimensionierten Prozessor einbauen könnte, ist man bisher noch nicht gekommen. Ich halte das für eine Missachtung der Kundinnen und Kunden. Sie sind Smartphones mit Superprozessoren gewohnt und da ist mit „Dampfmaschine" betriebene Hardware einfach eine Beleidigung. Smartphones sind heute Supercomputer, mit denen man hochkomplexe mathematische Funktionen in Echtzeit berechnen kann. Wer das Programm Frax vom deutschen Computerpionier Kai Krause mal ausprobiert hat, kennt die erstaunlichen Fähigkeiten. Frax berechnet Fraktale in Echtzeit. Das sind Mandelbrotmengen in allen Farben und Formen, die extreme Rechenleistungen benötigen. Das ist schon ziemlich beeindruckend. Ein ID.3 ist von diesen Fähigkeiten meilenweit entfernt. Und so ist Tesla mit seiner FSD-Hardware der Konkurrenz etwa fünf Jahre voraus. In einem deutschen PKW verrichten ungefähr 80 bis 100 Steuereinheiten, also eine Art Minicomputer, ihren Dienst: eine für den Scheibenwischer, eine für die Klimaanlage, eine für die Fensterheber, die Blinker, die Scheinwerfer, ABS, ESP und so weiter und so fort. Die müssen dann wieder koordiniert werden oder werden es eben nicht. Bei Tesla läuft das alles über einen Supercomputer, der lediglich durch die Änderung der Programmierung zu allem Möglichen in der Lage ist. Deswegen ist Tesla ja auch das einzige Fahrzeug weltweit, das über ein Programm zum Furzen verfügt.

Als Ladenetz setzen die Hersteller auf eine von der EU geförderte Infrastruktur. Die Firma Ionity baut es zurzeit in ganz Europa aus. Doch ehrlich gesagt ist dieses Ladenetz extrem unzuverlässig. Mit der Software „A Better Routeplanner" habe ich einmal versucht, statt mit Tesla-Superchargern mit allen zugänglichen Ladesäulen von Köln nach Berlin zu kommen. Statt sechseinhalb Stunden hat es neun Stunden gedauert. Highlight war der Versuch, vor der E.ON-Zentrale in Essen zu laden. Die Säule funktionierte nicht. Ich rief die auf der Säule angegebene Hotline an und gab den Code der Säule durch. Die Antwort des Mitarbeiters am anderen Ende der Leitung schlug dem Fass den Boden aus. Diese Ladesäule würde nicht vor der E.ON-Hauptzentrale stehen, sondern woanders. So viel zur Praxistauglichkeit der deutschen Ladesäulen. Aber unabhängig davon: Der Mann am anderen Ende der Leitung konnte mir nicht helfen. Ich solle es einfach mehrfach versuchen, war sein Tipp. Und ich bin nicht das einzige Opfer solches Vollversagens. Immer wieder melden sich Elektroauto-Fahrerinnen und -Fahrer, die an einer Ladesäule liegen geblieben sind. Da sind Geschichten zu lesen wie „Sieben Stunden mit dem ID.3 für 400 Kilometer" oder „Neun Stunden für 210 Kilome-

Fraktal in Frax *Foto: Christoph Krachten*

ter mit Porsche Taycan“ oder „26 Stunden für 790 Kilometer mit dem ID.3“. Tesla war sich von Anfang an dieses Problems bewusst, so dass in die Routenplanung der nächste Supercharger einbezogen ist und immer angezeigt wird, wie viele Ladesäulen frei sind und welche Charger nicht funktionieren. Überhaupt ist die Routenplanung eines der Meisterstücke von Tesla und in einem gemischten Netz mit verschiedenen Anbietern von Ladesäulen und PKW so nicht realisierbar. Da ausschließlich Teslas das Tesla-Ladenetz nutzen und diese ständig mit dem Ladenetz kommunizieren, wird bei der Routenplanung immer berücksichtigt, wie das eigene Fahrzeug geladen ist, wann es wo zwischenladen muss und wie die Säulen dort ausgelastet sind. Sprich: Das System plant die Routen aller Teslas so, dass die Ladestationen nicht überbelegt werden und man kaum warten muss. Über eine solche Software verfügt die Konkurrenz nicht und wird aufgrund des fehlenden eigenen Ladenetzes und der fehlenden Information darüber, wer zu welcher Ladestation unterwegs ist, auch nie über eines verfügen.

Traditionelle Hersteller hinken bei Batterien hinterher

Und es kommt noch eine weitere Herausforderung hinzu, die die traditionellen Autohersteller genauso verpasst haben: die Batterieherstellung. Sie setzen auf externe Zulieferer und verzichten somit auf einen erheblichen Teil der Wertschöpfung und sind vom Weltmarkt abhängig. Und dem droht aufgrund des hohen Bedarfes Knappheit. Auch das hat Tesla von Anfang an anders gelöst. Tesla gründete ein Joint Venture mit Panasonic, das die Batterien selbst in den Tesla-Gigafactories produziert. Sprich: Tesla sitzt an der Quelle und muss

sich keine fertigen Produkte sichern, sondern lediglich die Rohstoffe, und damit sind erhebliche Teile der Lieferkette überflüssig, was sowohl für die Verfügbarkeit wie für die Einkaufspreise gut ist. Tesla kann so mehr und günstiger produzieren. Zudem werden die neuen Batterien nicht nur von Tesla selbst, sondern – da die Patente bei Tesla liegen – auch von anderen Batterieherstellern in Lizenz hergestellt. Tesla ist deshalb deutlich weniger von den Lieferengpässen bei Batterien betroffen als zum Beispiel Audi oder Mercedes.
Es scheint tatsächlich genau das Gleiche zu passieren wie beim iPhone. Tesla hat einen erheblichen Vorsprung und ist kaum einzuholen. Zwar kommen auch die anderen Hersteller allmählich auf den Markt: Sie starten mit ungenügenden Produkten, die zu teuer verkauft werden und holen dann sehr langsam auf, um am Ende vielleicht Produkte auf den Markt bringen zu können, die mit dem iPhone gleichziehen. Dann stimmen vielleicht die Stückzahlen, aber sie verdienen nichts damit. Apple macht 90 Prozent der Gewinne im Smartphonemarkt. Tesla hat demnach also eine gute Chance, Marktführer im Bereich Elektromobilität zu werden. Es muss diese Chance nur nutzen.

Elon Musk als Chef

Manche bezeichnen Elon Musk schon als Leonardo da Vinci des 21. Jahrhunderts. Andere sehen in ihm den Iron Man Tony Stark oder eben Steve Jobs den Zweiten. Elon Musk erscheint als moderner Superheld, als Genie. Zwar sind Tesla und SpaceX auch immer die Summe aller Teile, aller Menschen, die sich für das Projekt engagieren, doch die Innovationskraft beider Unternehmen geht auf Elon Musk zurück. Denn Musk revolutioniert in seinen Firmen immer al-

Elon Musk 2015 im Bundeswirtschaftsministerium *Foto: Christoph Krachten*

les. Und bei Tesla sind es eben nicht nur die Fahrzeuge, die etwas Unmögliches möglich gemacht haben: extreme Leistungsdaten und Reichweiten für Elektroautos. Hinzu kommen Fertigungsprozesse, Software in den Fahrzeugen, in ihrem Backend, wie die Ladesteuerung, der Autopilot, die Steuerung der Supercharger, Software in der Produktion, die Herstellungsprozesse, Technologien im Auto, die bei nahezu jedem Modell überarbeitet und optimiert werden und, und, und. Es nimmt nahezu kein Ende. Sogar die Software, um Unternehmensprozesse zu steuern, ist nicht von einem der verdächtigen Hersteller wie Oracle oder SAP, sondern eine Eigenentwicklung. Musks Triebfeder ist Innovation, und zwar in allen Bereichen. Er ist offenbar in der Lage, alles zu durchdringen und alle Teams zu absolut revolutionären Veränderungen anzutreiben. Dabei kann er auf die Besten der Besten zählen. Absolventinnen und Absolventen der amerikanischen Hochschulen haben zwei Wunschunternehmen, in denen sie arbeiten wollen: SpaceX und Tesla. Er kann sich also die herausragendsten Ingenieurinnen und Ingenieure aussuchen. Und sie haben einen Arbeitsplatz, an dem sie zum einen gefordert werden, zum anderen aber auch ihre Ideen in die Realität umsetzen können. Bosch brauchte für das Antiblockiersystem 14 Jahre Entwicklungszeit. Musk kündigt Innovationen im Wochentakt an. Sie werden zwar meistens nicht pünktlich fertig, allerdings werden sie immer Realität, und 14 Jahre hat er noch nie für eine Entwicklung benötigt. Manchmal dauert es nur ein paar Monate, bis ein Feature eines Autos entwickelt wird, wie der Campingmodus für die Klimaanlagen in Teslas.

Und noch etwas ist absolut bemerkenswert: Er führte ein von Apple bis zur Perfektion entwickeltes System auf eine neue Ebene. Apple hat mit dem iPhone begonnen, Herstellung und Design seiner Produkte extrem eng miteinander zu verbinden. Bei Apple wird kein Gerät entwickelt und dann im Nachgang gefertigt. Während des Entwicklungsprozesses werden die Herstellungsprobleme und das Design ständig miteinander abgestimmt. Der Prozess nennt sich DFM, Design for Manufacturing. Bei Apple ist das ein sehr aufwendiger Prozess. Die Fabriken befinden sich in China, was bedeutet, dass das Designteam immer wieder dorthin reisen muss, teilweise im Wochenrhythmus. Bis dato wurden Telefone meist aus einem Baukasten zusammengestellt und man sah zu, Standardkomponenten in möglichst kleine Gehäuse zu bekommen. Im Höchstfall wurde die Entwicklung von bestimmten Standardkomponenten vorangetrieben, ohne diese aber auf ein bestimmtes Gerät zuzuschneiden. Beim iPhone ist das anders. Jede Platine, jede Steckerverbindung ist exakt so konzipiert, dass sie perfekt mit allen anderen Bauteilen

in ein Gehäuse passt. Es ist ein bisschen so wie bei Tetris. Alles wird zusammen entwickelt, um es mit den vorhandenen Ressourcen genau so zu produzieren, wie es konzipiert wurde. Das Ergebnis sind Geräte mit hauchdünnen Fugen, in deren Innerem kein Kubikmillimeter Platz verschwendet wird. Geräte, bei denen die Konkurrenz sogar geglaubt hatte, dass sie ein Fake sind. Aber letztlich ist das iPhone nur das Ergebnis eines revolutionären Designprozesses.
Und dieses Prinzip hat Tesla auf die Spitze getrieben, indem Musk über alle Bereiche der Produktion die Kontrolle gewann. Wobei er auf Fugenmaße keinen so großen Wert legt, aber auch da ist Licht am Ende des Tunnels zu sehen. Das führte sogar dazu, dass Tesla den deutschen Roboterhersteller Grohmann Engineering aus der Eifel kaufte. Inzwischen heißt die Firma Tesla Automation und fertigt fast ausschließlich Produktionsanlagen für Tesla. Dabei ging es erstmal lediglich um die Optimierung und Steigerung der Effizienz. Und daran, dass Tesla einen Zulieferer für Produktionsanlagen übernimmt, kann man sehr gut ablesen, wie groß Tesla werden und wie schnell es expandieren will. Wenn Elon Musk auf dem Battery Day verkündet, 20 Fabriken bauen zu wollen, um den weltweiten Batteriebedarf für das Umschwenken auf erneuerbare Energien decken zu können, dann ist diese Ankündigung nicht hypothetisch zu verstehen. Musk meint damit nicht, dass man 20 Fabriken bräuchte. Seine Aussage ist vielmehr, dass er konkret 20 Fabriken baut. Musk spekuliert nicht, sondern macht konkrete Pläne. Und er setzt sie in die Tat um. Dabei ist er schon auf einem sehr guten Weg, wenn man sich mal vor Augen hält, welche Fabriken schon stehen und wo er baut und was er plant. Anfang 2020 waren mit den Gigafactories in Brandenburg und Texas zwei Fabriken im Bau und für Indien hat Musk bereits eine Gigafactory angekündigt. Und dabei setzt er auf immer weniger

Platzbedarf: Jetzt beginnt Tesla, auch die Fertigungsmethoden zu revolutionieren.

Tesla ist ein Energiekonzern

Tesla muss ganzheitlich mit all seinen Innovationen gesehen werden, um sie und ihren Kopf, Elon Musk, zu beurteilen. Das iPhone wurde innerhalb von wenigen Jahren zum absoluten Spitzenreiter der Branche und hat zahlreiche traditionelle Hersteller vom Markt gefegt. Weder Ericsson oder Nokia noch Motorola sind noch mit Geräten auf dem Weltmarkt vertreten. Und genau das droht so auch den traditionellen Autoherstellern. Heute kann sich das noch niemand vorstellen. Aber wenn man sich die bisherige Entwicklung von Tesla ansieht – und die ist exponentiell –, dann wird, ganz objektiv betrachtet, genau das passieren. Wer kauft heute noch einen Verbrenner, wenn der Verkauf in der EU wahrscheinlich und in Kalifornien definitiv ab 2035 verboten wird? Daimler, BMW, Audi usw. hinken bei der Elektromobilität so dermaßen hinterher und ihre Größe ist eher ein Hindernis. Da ist das Szenario von Tesla als weltweitem Marktführer in der Automobilbranche nicht mehr so abwegig. Und für Tesla ist das ja nur ein Aspekt seiner Aktivitäten. Tesla hat zudem mit der Herstellung von Solarzellen und von Stromspeichern mehr zu bieten. Zusätzlich betreibt der Konzern noch selbst ein Netzwerk von Solarzellen und Akkus zur Energieversorgung, ein sogenanntes Smartgrid, und beherrscht so das komplette System mit Herstellung, Verteilung und Verbrauch von Energie. Inzwischen hat Tesla 120 kleine und auch große Stromnetze weltweit aufgebaut und zum Beispiel so das Stromnetz in Südaustralien mit dem beim Bau größten Akku der Welt stabilisiert. Und auf der Insel Ta'u in Amerikanisch-

Model S am Supercharger *Foto: Christoph Krachten*

Samoa wurde alles mit einem Solarstromkraftwerk und den Energiespeichern von Tesla von Diesel auf erneuerbare Energien umgestellt. Tesla will auch den Strommarkt transformieren. Als Musk Anfang September 2020 Deutschland besuchte, war sein wichtigster Termin wohl der bei Bundeswirtschaftsminister Peter Altmaier, um mit ihm über den Eintritt von Tesla in den deutschen Strommarkt zu sprechen. Denn im Strommarkt treibt Musk eine komplette Änderung der Herangehensweise voran: nicht mehr riesige Kraftwerke, deren Strom über hunderte Kilometer mit Verlusten von A nach B geleitet werden muss, sondern ein System vieler kleiner Netzwerke, wo der Strom über kurze Distanzen – meistens sogar nur ein paar Meter – vom eigenen Hausdach ins Elektroauto oder in die Waschmaschine geleitet wird. Das Smartgrid der Zukunft wird so den Strommarkt umkrempeln. Dabei entstehen zunächst kleine

Netzwerke, die mit dem größeren Netzwerk kommunizieren. Strom wird in diesen kleinen Netzwerken gehandelt und so gelten günstigere Preise, weil Tesla, wenn es mit sich selbst handelt, die Preise frei festlegen kann. In Großbritannien, wo Tesla bereits Stromanbieter geworden ist, kostet der Strom für Betreiber von Tesla-Solardächern, die den Stromspeicher Powerwall nutzen und einen Tesla-PKW in der Garage haben, nur noch acht Pence, was neun Eurocent entspricht. Man verdient deutlich mehr im Stromverkauf, und wenn man Strom zukauft ist er deutlich billiger. Mal wieder hat Musk einfach angefangen, etwas aufzubauen. Das Ganze läuft über die teslaeigene Software Autobidder, die den Strom billig einkaufen kann, wenn es gerade zu viel auf dem Markt gibt, in die Powerwalls seines Kundenstamms leitet, die stationären Batterien, die vor allem den Strom der eigenen Solaranlage speichern, und dann wieder verkauft, wenn die Preise hoch sind.

Und Tesla hat sich ja die Schürfrechte für Lithium in Nordamerika gesichert. Das ist so, als wäre die Daimler AG auch ein Ölkonzern mit einem Tankstellen- und Versorgungsnetz. Und wenn man sich diese Perspektive vor Augen führt, dann sieht man das tatsächliche Potential von Tesla.

Zudem ist Elon Musk rücksichtslos authentisch, was ihm die ungebrochene Aufmerksamkeit in den sozialen Medien beschert. Die Marketingkosten bei Tesla dürften gegen null gehen. Keine Anzeigen, die Presseabteilung wurde Ende 2020 aufgelöst, nur immer mal wieder ein Event, das dann wie Apple Keynotes kostenlos durch die Medien verbreitet wird. Er nutzt Social Media für sich auf Twitter und hält seine Zielgruppen so immer mit etwas verfrühten Ankündigungen auf Trab. Er zeigt damit, dass er auch Social Media komplett durchdrungen hat. Nicht die Firmenaccounts sind das Hauptmar-

Moss Landing Megapack Kalifornien USA

Foto: Tesla

ketinginstrument, sondern Musks Twitter-Account, den er aus Social-Media-Sicht absolut perfekt nutzt. Neben den wichtigen Firmeninfos kommen auch immer wieder absolut disruptive Informationen, wie zum Beispiel der Name seines Kindes. Der wird natürlich über Twitter verkündet: X Æ A-12 Musk. Apple hat auch nach den Jahren der Krise nur sehr wenig Geld für Werbung ausgegeben. Tesla macht es Apple nach und hat es mit den heutigen sozialen Medien perfektioniert.

Und was noch hinzu kommt: Er ist sich seiner Fähigkeiten offenbar absolut bewusst. Und das macht es für viele wohl schwierig, für Tesla zu arbeiten. Noch immer, nach zwölf Jahren als Chef, führt er das Unternehmen als Start-up, und wer dort arbeitet, muss absolut committed, absolut engagiert sein. Wer nicht zu 100 Prozent (oder mehr;) für die Firma ist, ist gegen sie, so zumindest der Eindruck. Musk erwartet von allen den höchsten Einsatz, denn aus seiner Sicht geht es eben nicht nur um den Aufbau einer Firma, sondern um die weltweite Umstellung auf Elektromobilität, den kompletten Wandel hin zu erneuerbaren Energien und somit um nicht weniger als die Rettung der Welt. Da wundert man sich über gar nichts mehr, auch nicht über Sätze wie: „Lasst die Familien außer Acht, arbeitet Tag und Nacht – ohne das können wir dieses Tempo nicht schaffen.“ Das sagte der Präsident von Tesla China, Tom Zhu. Und gerade wird Musk gerichtlich dazu verpflichtet, einen gewerkschaftsfeindlichen Tweet zu löschen. Er drohte darin, Gewerkschaftsmitgliedern die Aktienboni zu streichen. Zudem muss er einen gewerkschaftlich organisierten Mitarbeiter wieder einstellen und ihm entgangenen Lohn zahlen. Wie der umstrittene Gutmensch und Fernsehpfarrer Jürgen Fliege mal ernsthaft über sich selbst sagte: „Wo viel Licht ist, da ist auch Schatten.“ Das gilt wohl auch für Elon Musk.

Man arbeitet also für eine gute Sache und die ist die Idee von Elon

Musk. Noch immer ist es wohl für Elon Musk ein Stachel in seiner Biographie, dass Martin Eberhard bei Insidern als Gründer von Tesla bekannt ist. Elon Musk wird nicht müde, ständig zu betonen, dass er schon seit frühester Jugend die Idee von nachhaltiger Energieerzeugung und nachhaltigem Verkehr verfolgte und Tesla das Ergebnis dieser persönlichen Mission ist.

Wer sich in diesem (seinem) Licht sonnt, der ist schnell angezählt. Deswegen haben Pressesprecherinnen und -sprecher (oder Personen, die früher bei Tesla mal so bezeichnet wurden) bei Tesla keine Namen. Es sind Tesla-Sprecher oder -Sprecherinnen. Von ihnen kann man auch nichts erfahren, da sie, wie alle Personen, die bei Tesla arbeiten, eine Verschwiegenheitserklärung unterschrieben haben, die angeblich mit Strafzahlungen in Millionenhöhe verbunden ist. Und selbst wenn sie dann öffentlich sprechen – bei der Eröffnung des Ladeparks in Hilden Anfang Oktober 2020 begann der Vertreter von Tesla seine Rede damit, dass er nicht zitiert werden dürfe. Hält man sich nicht an diese unausgesprochene Vorgabe, steht man schnell vor der Tür, wie Mister Gigafactory, Evan Horetsky. Er ließ sich bei einem Pressetermin Anfang September 2020 Fragen stellen und fotografieren. Zudem berichtete er stolz, dass er bereits den Bau von vier Tesla-Fabriken in den USA und China betreut habe. Da muss es in Kalifornien wohl zu einem kurzen Blutdruckanstieg gekommen sein und Horetsky flog kurze Zeit später raus. Elon Musk scheint es egal zu sein, was jemand für Tesla geleistet hat. Tesla ist sein Kind und niemand hat sich da, selbst wenn er eine entscheidende Position innehat, mit Tesla zu schmücken. Man darf gerne auf Fachkonferenzen sprechen oder unausweichliche Termine in der Öffentlichkeit wahrnehmen, aber dann ist auch Schluss, und das ganz schnell.

Durch die Belegschaft geht dann auch ein Riss. Wenn man sich die einschlägigen Unternehmensbewertungsportale ansieht, auf denen Ehemalige ihren Arbeitsplatz bewerten, dann sieht ziemlich genau die Hälfte von ihnen Tesla als absoluten Horrorarbeitsplatz und die andere Hälfte ist nahezu restlos von Tesla begeistert. Für den Elternteil einer Familie scheint Tesla tatsächlich nur bedingt geeignet zu sein. In der Model-3-Produktionshölle waren wohl über Wochen 12-Stunden-Schichten eher die Regel als die Ausnahme und auch Gewerkschaften sind bei Tesla nicht gerne gesehen. Es dürfte einen Grund haben, warum Tesla in den Niederlanden eine alte europäische SE erworben und umbenannt hat. So gelten die Regelungen für die Mitbestimmung dieser SE weiterhin und müssen erstmal nicht angepasst werden. Und in dieser SE gab es keine Mitbestimmung. Und auch bei Tesla Automation tut Musk alles, um die Gewerkschaften herauszuhalten. Den Betriebsrat hat er auf seine Seite gezogen, indem er die Gehälter kräftig auf Tarifniveau anhob, und zudem erhält die Belegschaft Aktienoptionen. Da stimmt der Betriebsrat auch gerne einer Einigung zu, selbst wenn der Tarifvertrag nicht Bestandteil der Vereinbarung ist. Wer aber in seinem Job aufgeht, der kann dort eine Menge Spaß haben, womit Elon Musk auch für die Arbeit in Grünheide wirbt. „Bitte arbeiten Sie bei Tesla Giga Berlin! Es wird super Spaß machen!!“, twitterte er Ende September 2020 auf Deutsch. Nur mit den Aufstiegschancen sieht es bei dem Unternehmen eher schlecht aus, denn Musk will die Besten. Und so hat man, wenn man sich von außen bewirbt, ab einem bestimmten Level in der Hierarchie (und der ist nicht besonders hoch) bereits ein Vorstellungsgespräch bei Musk persönlich. Musk sucht stets die Besten der Besten und so hat es eine gewisse Logik, dass oft eher Außenstehende für die verantwortungsvolleren Positionen bei Tesla genommen werden. Interne Bewerbungen haben nicht selten eher schlechte Chancen, wird von Tesla berichtet, weil man dann ja nicht zur weltweiten Crème de la Crème seines jeweiligen Fachbereichs gehört.

Und Musk führt nicht nur Tesla auf diese Art und Weise. Auch SpaceX ist nur eine von weiteren Musk-Firmen. Dazu gehört noch The Boring Company, die ganze Städte untertunneln will, damit Teslas per Autopilot ohne Stau von A nach B kommen. Im Oktober 2020 fuhren die ersten Teslas in einen Tunnel in Las Vegas, in Zukunft automatisch gesteuert mit dem Tesla-Autopiloten. Ein weiteres seiner Unternehmen ist Neuralink, das erfolgreich an einem Gehirn-Computer-Interface arbeitet, mit dem zahlreiche Krankheiten therapiert werden sollen, aber vor allem durch die direkte Verbindung verhindert werden soll, dass Künstliche Intelligenzen einmal die Macht übernehmen. Dann ist da das gemeinnützige Unternehmen OpenAI, das Musk zusammen mit Microsoft gegründet hat, um Künstliche Intelligenz zu erforschen. Gerade hat es mit GPT-3 eine beeindruckende KI vorgestellt. Allerdings hat sich Musk hier zurückgezogen. Und jetzt kommt noch ein weiteres Unternehmen dazu: Musk wird Starlink, das weltweite Satellitennetzwerk für die Internetversorgung der gesamten Welt aus dem Weltraum, aus SpaceX ausgliedern. Auch dieses Unternehmen hat ein Riesenpotential, da die Unterhaltskosten relativ gering sind und der Ertrag umso höher. Erste Tests Ende 2020 durch das amerikanische Militär verliefen extrem gut und dem System wurde die Überlegenheit über alle Konkurrenzentwicklungen bescheinigt. Das wird Musks Gelddruckmaschine.

Und noch etwas macht Musk zu einem absoluten Phänomen: sein Stottern. Es sind die Folgen seines Asperger-Syndroms, einer Form des Autismus. Die Sprache ist hierbei eigentlich unbeeinträchtigt, doch

es gibt Schwierigkeiten bei der Kommunikation. Das Stottern variiert auch von Interview zu Interview und von Präsentation zu Präsentation. Er sei sehr unsicher, heißt es, und hätte es vor der Gründung seines ersten Unternehmens Zip2 nicht geschafft, sich bei anderen Techunternehmen zu bewerben, aus Angst. Manchmal ist er ohne bestimmte Substanzen gar nicht in der Lage, normal zu sprechen. Laut Musk sind es zahlreiche Dosen Red Bull. Vor der Präsentation des Model 3 soll er komplett unverständlich gesprochen haben. Die Ursache soll die Trennung von seiner Freundin Amber Heard am Vorabend gewesen sein. Sie hatte ihn verlassen und Musk litt unter starken seelischen Schmerzen, wie er dem Musikmagazin Rolling Stone berichtete. Und da zeigt sich dann auch wieder seine absolute Authentizität: Den Interviewer fragt er direkt, ob er eine Empfehlung für ihn habe. Er suche eine dauerhafte Freundin und es sei für ihn die Hölle, morgens allein im Bett aufzuwachen. Und das ist nicht vorgegeben, um ihn sympathischer wirken zu lassen. Das Asperger-Syndrom hat genau diese Folgen: Betroffene sind sehr an sozialen Kontakten interessiert, aber wissen nicht, wie sie sie erreichen können. Und sie haben besonders ausgeprägte Spezialbegabungen in den Bereichen Technik und Naturwissenschaften.
Zu diesem Bild passt auch die ganz schreckliche Präsentation am Battery Day, die wirklich furchtbar authentisch war. Musk scheint das mehr oder weniger egal zu sein. Er legt wohl deutlich mehr Wert auf sein Spezialwissen als auf die Form. Zudem verschafft es ihm einen Vorteil: Er wird unterschätzt. Der Battery Day jedenfalls begann mit einer Hauptversammlung, durch die ein ebenso unbegabter Redner wie Musk führte. Chefjurist Al Prescott eröffnete das trostlose Aktionärstreffen, bei dem alles wirklich so inszeniert war, dass man eigentlich das Weite suchen wollte: Lustlos wurde die Tagesordnung abge-

Foto: NASA

Elon Musk kann Raketenwissenschaft - Crew Dragon nähert sich ISS

arbeitet, Anträge wurden per Telefon vorgetragen, das Publikum saß in Model-3-PKW, die ihm zum Infektionsschutz zur Verfügung gestellt worden waren, und applaudierte mit Hupkonzerten. Es war ein hochnotpeinliches Trauerspiel. Und das vor einer der wichtigsten Präsentationen von Tesla. Wenn man das allerdings im Lichte der Idee betrachtet, unterschätzt zu werden, dann macht das Ganze Sinn. Wie sagte nochmal der ehemalige Vorstandsvorsitzende von Daimler, Edzard Reuter, in einem Interview mit dem Handelsblatt: „Tesla? Das ist doch ein Witz!" Es ist nicht unwahrscheinlich, dass Musk solche Einschätzungen beabsichtigt und daraus seinen Vorteil zieht. Und einer dieser Vorteile ist, dass Musk seine Konkurrenz in eine Falle laufen lässt.

Die Tesla-Falle – folgt die Autoindustrie Motorola, Ericsson und Nokia nach?

Und Tesla wird noch heute unterschätzt. Erst Ende 2020 meinte der Volkswagen-Marketingchef Jochen Sengpiehl: „Tesla ist eine Nischenmarke für Millionäre“, eine grandiose Fehleinschätzung. So täuscht Elon Musk die Konkurrenz weiter mit dem Kultivieren seiner Schwächen und lockt sie in die Tesla-Falle.

Als Tesla 2014 seine Patente an die Konkurrenz freigab, staunte die Öffentlichkeit über diesen Vorgang. Wo gab es so etwas schon mal? Eine Firma gibt ihrer Konkurrenz die Chance, sie zu kopieren. Steve Jobs bei Apple wäre das sicher nicht passiert. Im Gegenteil: Er wollte einen Nuklearkrieg (so seine Worte) gegen Google vom Zaun brechen, als es Android auf den Markt brachte. Aber vielleicht wollte Musk seine Konkurrenz damit aufs Glatteis führen. Zumindest fast sämtliche Start-ups, die Tesla kopieren wollten, sind jetzt schon wieder von der Bildfläche verschwunden. Milliarden wurden verbrannt, um bessere Fahrzeuge auf den Markt zu bringen. Manche haben es sogar bis zur Produktion geschafft, aber kurz danach ging ihnen die Luft aus. Faraday Future, Byton oder Nio, der in eine ungewisse Zukunft unterwegs ist. All diese mit viel Brimborium gestarteten Unternehmen sind auf ganzer Linie gescheitert. Faraday Future wollte etwas Ähnliches wie Tesla mit der Gigafactory auf die Beine stellen. Die Bauarbeiten mussten eingestellt werden, eine kleine Fabrik wurde gemietet und schließlich die Produktion gestoppt. Bei Byton ist es ähnlich. Alle wollten bessere Autos bauen, die vernetzt sind und eine bessere Userexperience, ein besseres Nutzererlebnis, bieten, einen vernetzten Kalender im Auto zum Beispiel. Nur all das kann Tesla schon oder kann es mit einem Update nachliefern. Das Betriebssys-

Soft- und Hardware im ID.3 *Foto: Volkswagen*

tem von Tesla wird seit Jahren entwickelt und ist ausgereift. Es ist eine immense Herausforderung, so etwas auf die Beine zu stellen. Und nicht wenige scheitern daran. Wer heute selbst ganz normale Verbrennerautos fährt, kann zuweilen ein Lied von dem Softwaremüll in diesen Fahrzeugen singen. Das Problem beim ID.3 hatte ich ja schon geschildert. Und VW konnte den ID.3 sogar nur verspätet ausliefern, weil die Software nicht fertig wurde. Im Herbst 2020 war es dann endlich so weit. Bis dahin standen die fertigen ID.3 auf Parkplätzen herum. Allerdings lief auf dem kleinen Display nur der Rumpf der Software. Vieles funktionierte nicht, und das Update, das dann komplett funktionieren soll, muss in der Werkstatt aufgespielt werden, weil „Over the Air"-Updates, also Updates über das Mobilfunknetz oder WLAN, noch nicht möglich sind. Ehrlich gesagt ist das ein peinliches Desaster für VW. Ein ähnliches Beispiel ist Polestar, die E-Auto-Tochterfirma von Volvo. Hier mussten alle bis Anfang Oktober 2020 produzierten Polestar 2 wieder zurückgerufen werden. Es waren lediglich 2.200. Sie hatten wohl einige Softwareprobleme, die zum kompletten Motorstopp während der Fahrt führen konnten. Eine Katastrophe. Und die ist es geworden, weil Volvo und VW verkrampft Tesla nacheiferten. VW war sogar so ehrgeizig, die bis zu 100 Steuergeräte aus dem Auto zu werfen und für einen Zentralrechner und zwei weitere die Software komplett neu zu schreiben. Sie sind in die Tesla-Softwarefalle getappt. Tesla hat hier durch das Model S rund acht Jahre Vorsprung, was erstmal eingeholt werden muss und was vielleicht nie oder nur sehr schwer zu schaffen ist. Selbst IBM ist an ähnlichen Herausforderungen gescheitert, als es sein Betriebssystem OS/2 auf den PowerPC-Prozessor portieren wollte. Die Programmierung der Software scheint bei VW eben so gar nicht zu klappen. Jedenfalls musste der Chef der eigens im Juli 2020 gegründeten Einheit Car.Software.Org von Volkswagen zwei Wochen später bereits wieder gehen. Er hatte schon im Vorfeld an VW.OS gearbeitet, aber wie aus dem Konzern verlautete, konnte er nicht erklären, wofür er seine Leute brauchte. Letztlich braucht man ja auch nicht viele Leute, die die Software programmieren, sondern gute. Davon abgesehen ist es allerdings auch ein sehr ehrgeiziges Ziel, in kurzer Zeit ein eigenes OS zu entwickeln, und das in Deutschland und nicht im Silicon Valley. Und alles ist eben sehr gemächlich im ID.3. Macht man also Probefahrten mit dem ID.3 und dem Model 3, dürfte man feststellen, dass im Model 3 mit seiner FSD-State-of-the-Art-Hardware alles flüssig und schnell abläuft, während man im ID.3 jedes Mal eine Gedenksekunde einlegen muss, bevor etwas passiert. Aber das hatten wir ja schon. Und es zieht sich durch das ganze Fahrzeug. Es ist kleiner, Autotester bemängeln billige Werkstoffe, die Reichweite liegt unter der des Model 3, der ID.3 kann nicht so schnell laden wie das Model 3, später soll er mal schneller laden können. Und die angegebene Reichweite muss der ID.3 erst noch in der Realität beweisen. Der Spiegel spricht dem Wagen die Langstreckentauglichkeit zumindest in der Version mit dem mittelgroßen Akku ab. Anders ist das beim ID.4. Hier scheint Volkswagen das Model Y tatsächlich gecopypasted zu haben. Nahezu gleiche Maße und Daten. Und der ID.4 ist sogar rund 10.000 Euro günstiger. Doch wird das so bleiben? Und was kostet die Ausstattung, um auf das Niveau des Model Y zu kommen? Rechnet sich der ID.4? Denn Tesla betrachtet jedes neue Auto als Technologieträger und beim Model Y wurde wieder ordentlich an der Fertigung und der Technik des kleinen SUVs geschraubt. Und zudem bleiben noch die anderen Tesla-Alleinstellungsmerkmale, die in Zukunft noch mehr in den Vordergrund treten werden. Anders ist das beim Mercedes EQC. Dort bemängelt die Klientel die schlechte Reichweite, weshalb er wohl bei Blei in den Regalen liegt. 2020 wurden zum Beispiel im Monat Juli 295 Fahrzeuge verkauft. Aber vielleicht liegt es auch an den Produktionsproblemen. Und die hat Tesla mit dem Kauf des deutschen Anlagenherstellers Grohmann Engineering aus der Eifel verursacht. Denn eigentlich sollte der die Batterieherstellung bei Mercedes-Benz aufbauen, doch nach dem Kauf durch Tesla stornierte Tesla Automation, wie die Firma jetzt heißt, den Auftrag. Und auch die Zulieferer kommen nicht nach. Mercedes-Benz bekommt einfach nicht genügend Batterien und Daimler-Vorstandschef Ola Källenius musste den „Elektronotstand" ausrufen. Auch bei Porsche läuft es nicht rund. Zwar konnten hier im ersten Halbjahr 2020 4.500 Taycan abgesetzt wurden. Aber auch hier beschwert sich die Käuferschaft über eine deutlich geringere Reichweite als angegeben. Mindestens 333 Kilometer stehen im Projekt. 250 Kilometer sollen

es in Realität sein, was aber auch am Porsche-Fahrstil liegen kann. Solche Fahrzeuge sind so einfach nicht alltagstauglich. Und all diese Autos haben noch einen weiteren erheblichen Nachteil: Es gibt kein vernünftiges Schnellladenetz. Das ist nämlich das eine Alleinstellungsmerkmal von Tesla, das alle Konkurrenzunternehmen sehr schlecht aussehen lässt. In der weltweit bedeutendsten Autosendung Top Gear konstatiert Moderator Chris Harris dann auch, dass es schwer sei, nicht automatisch das Model 3 von Tesla zu kaufen, weil es technisch so weit entwickelt ist und eben das Ladenetz mitgeliefert wird. Das Schnellladenetz von Ionity in Europa ist dagegen mangelhaft und bietet neben der Unzuverlässigkeit nicht all die Vorteile eines Ladenetzes, das nur für eine Automarke reserviert ist. Der Effekt: Wenn Ladesäulen defekt sind, erfährt das die Software des Fahrzeugs nicht und man steht mit leerer Batterie vor einer Ladesäule, die nicht lädt.
Und was wohl niemand auf dem Schirm hat: Mit Elon Musk hat die deutsche Autoindustrie nicht irgendjemand als Konkurrenten. Wenn hier immer wieder auf die deutsche Technologieführerschaft gepocht wird, dann ist das zumindest naiv. Und wenn Mercedes das autonome Fahren Ende 2020 aufgegeben hat, dann sollte das für alle ein Warnsignal sein. So kann man die Stellungnahmen des Autokonzerns zu Dienstleistungen im Bereich autonomer Mobilität jedenfalls interpretieren, von denen der Hersteller Abstand genommen hat. Immerhin wurde die Kooperation mit BMW für autonomes Fahren aufgegeben und man will mit Chiphersteller Nvidia zusammenarbeiten. Und mit dem hat man erstmal das Ziel eines eigenen Betriebssystems für 2024 ins Auge gefasst. Das Ziel autonomes Fahren scheint da in sehr weite Ferne gerückt zu sein, und das während es bei Tesla bereits als Betaversion auf den Straßen unterwegs ist. Die

deutsche Autoindustrie versagt nicht nur aktiv mit ihrer Betrugssoftware, was schon ein sehr, sehr deutliches Warnsignal ist, sondern auch mit ihren Fähigkeiten, die neuen Anforderungen zu erfüllen. Da sind die Computersysteme nicht nur deutlich zu langsam, sie bekommen es auch einfach nicht hin. Sie sind dazu offenbar nicht in der Lage. Und das sollte auch nicht verwundern. Musk ist ja nicht nur ein Autobauer, der aus dem Nichts eine funktionierende Massenproduktion aufgebaut hat, damit neue Maßstäbe setzt und die deutsche Automobilindustrie auch noch bei der Fertigung überholt. Er ist außerdem Raketenbauer. Er beherrscht die komplexe Technik von Raumfahrzeugen und ist imstande, zum ersten Mal Menschen wieder von amerikanischem Boden zur Internationalen Raumstation (ISS) zu bringen. Dafür hat er schon nahezu Unmögliches wahr werden lassen und Raketentriebwerke selbst entwickelt und in Serie gebaut. Das haben ihm nicht mal Astronauten wie Neil Armstrong oder Eugene Cernan zugetraut. Und nicht nur das. Er hat auch diese Branche revolutioniert, zum ersten Mal in dieser Größenordnung Raketen wiederverwendet und an einem vorher bestimmten Platz landen lassen. Damit wurden die Kosten in der Raumfahrt, was das schwierigste Ziel war, deutlich gesenkt. Er hat also bereits Technologien entwickelt und weiterentwickelt, die als die komplexesten auf dem Planeten gelten. Und er nutzt ganz konkret Synergien. Die Fachleute, die die Werkstoffe für die SpaceX-Raumfahrzeuge entwickeln, tun dies auch für Tesla. Nur deshalb ist es Tesla, wie bereits erwähnt, gelungen, große Teile für das Chassis, den Unterbau, aus einem Stück zu gießen. Im Spätsommer 2020 bekam Tesla für sein Werk in Fremont die größte Druckgießmaschine der Welt geliefert. Tesla nennt sie Gigapressen und inzwischen wurden sie auch in Grünheide und an anderen Standorten aufgestellt. Mit ihnen soll die gesamte Bodengruppe des Model Y gegossen werden. Um es nochmal zu verdeutlichen: eigentlich geht das nicht, weil sich so große Aluminiumteile nach dem Gießen verziehen. Aber Tesla hat zusammen mit SpaceX dafür eine neue Legierung entwickelt, bei der das nicht passiert. 370 Teile werden gespart und eine ganze Produktionsstraße, in der sie geklebt, geschweißt und gelötet werden, entfällt. Laut Musk werden so pro Gigapresse in Zukunft 300 Roboter eingespart. Das Verfahren will er nach erfolgreichen Tests bei der Fertigung aller Fahrzeuge einführen. Kein Autobauer hat das bisher geschafft. Tesla treibt die Autoproduktion so in neue Sphären und lässt die traditionellen Autohersteller Jahre hinter sich, selbst in der Fabrikation. Das sollte der Autobranche vielleicht etwas Respekt einflößen.

Ob bewusst oder unbewusst: Die Konkurrenz geht so Auto für Auto in die Tesla-Falle. Und die größte Falle droht noch. 2021 wird mit Engpässen bei Batteriezellen gerechnet. Und schon 2020 haben Audi und Mercedes nicht genügend Zellen bekommen und mussten die Produktion drosseln. Nicht nur Tesla Automation ist also für den „Elektronotstand" verantwortlich. Er ist auch hausgemacht. Tesla produziert seine Batteriezellen selbst in den Gigafactories. Engpässe sind hier nahezu ausgeschlossen. Die Autohersteller müssen sich den Schuh anziehen, sich jahrelang mit Händen und Füßen gegen eine eigene Batterieproduktion in Deutschland gewehrt zu haben, um auch das als Grund zu nehmen, weiter Verbrenner herzustellen. Diese Weigerung kommt jetzt als Bumerang zurück. Selbst wenn sie auf dem Weltmarkt Batterien bekommen, werden die spätestens nach der Einführung der teslaeigenen Batterien immer deutlich teurer sein. Und wie Apple mit dem iPhone Nokia vom Markt gefegt hat, wird das auch den ein oder anderen traditionellen Hersteller treffen, dessen Verweigerungshaltung jetzt seine Existenz gefährdet.

Und die Autoindustrie hat noch ein weiteres riesiges Problem. Die althergebrachten Hersteller sind Dickschiffe, die ausschließlich auf die Herstellung von Verbrennerautos spezialisiert sind. Nicht nur, dass der Wechsel zu Elektroautos ein ungeheurer Kraftakt ist und ein riesiger Klotz am Bein, auch finanziell ist er eine Herausforderung – außer für Tesla. Noch heute verfügen deutsche Autohersteller und ihre Zulieferer über tausende, wenn nicht zehntausende Mitarbeitende, die ausschließlich für überholte Techniken zuständig sind, die in Zukunft nicht mehr benötigt werden. Das betrifft Motoren, Getriebe, Treibstoffversorgung, Tank, Kupplung, Einspritzpumpe, Zündung, Motorkühlung und so weiter und so fort. All diese Fachleute werden spätestens seit diesem Jahr im bisherigen Umfang nicht mehr gebraucht. Niemand benötigt mehr einen neuen Verbrennungsmotor. Das heißt, die Hersteller geben Milliarden Euro für überflüssiges Personal aus. Deswegen müssen sie bei der Entwicklung von Elektroautos sparen und können nur mit angezogener Handbremse entwickeln. Die Kosten würden ansonsten jeden Rahmen sprengen. BMW hat vor einigen Jahren aus diesem Grund für den i3 und den i8 eine eigene unabhängige Einheit gegründet. Doch die wurde wieder einkassiert. Sie machte zu hohe Verluste. Eigentlich ganz normal, wenn man neue Produkte entwickelt. Bei Tesla war es genauso. Doch Tesla schießt jetzt durch die Decke, während BMW den Vogel abschießt und aus Effizienzgründen diese Einheit wieder zurück in den Mutterkonzern geholt hat. Jetzt werden E-Autos auf der Basis von Verbrennerautos gebaut, was überhaupt keinen Sinn macht. Sie sind einfach zu schwer. Das führt zu reduzierten Reichweiten, was die Wagen dann mit ihrer beschränkten Reichweite zu Ladenhütern machen dürfte. Niemand, der Geld für fortschrittliche Technologie ausgeben will, wird zehntausende Euro für die neue Technik in einer veralteten Fahrzeugkonstruktion ausgeben. Wer würde denn heute noch einen tragbaren Computer mit Röhrenmonitor kaufen? Und die Autohersteller haben noch einen riesigen Klotz am Bein: ihre Fabriken, die in diesem Umfang gar nicht mehr benötigt werden. Volkswagen lieferte 2020 9,3 Millionen Fahrzeuge aus. Die wurden an 118 Standorten gefertigt. Mercedes-Benz hat 93 Standorte in 17 Ländern und produzierte dort rund 2 Millionen PKW 2020. BMW verfügt über 31 Einrichtungen in 15 Ländern und fertigte dort 2,3 Millionen Fahrzeuge. Ford hat 65 Werke auf der ganzen Welt und hat dort 2020 rund 4,2 Millionen Fahrzeuge produziert. Tesla baut dagegen Gigafactory für Gigafactory, jede mit einer Kapazität von jährlich rund 500.000 Autos. Als Unternehmen, das auf der grünen Wiese neue Fabriken aus dem Boden stampfen kann, die absolut perfekt auf die Produktion von Elektroautos, Elektromotoren und Batterien zugeschnitten sind, ist Tesla damit deutlich im Vorteil. Die Dickschiffe der weltweiten Automarken können ja nicht alle Fabriken, wie das erste Werk in Fremont, an Tesla verkaufen. Die neuen Fabriken sind viel schlanker aufgestellt und quasi ein Maßanzug für die Elektroauto-Produktion. Die traditionellen Hersteller verfügen da eher über eine Altkleidersammlung. Jochen Rudat, ehemaliger Chef von Tesla für Deutschland, Österreich und die Schweiz, prophezeit deshalb auch ein ähnlich schlimmes Ende für die Autohersteller wie für die Banken. Früher oder später müssten ihre Altlasten in „Bad Manufacturers“ ausgelagert werden, denn nur ohne die Altlasten würden sie in der Lage sein, wieder auf die Beine zu kommen. Im Moment stellen sie sich diese jedenfalls selbst.

Verschwinden Autohäuser schon bald? *Foto: Christoph Krachten*

Autohäuser vor dem Ende

Und es wird in Zukunft nicht besser. Die Entwicklung von nicht konkurrenzfähigen Fahrzeugen wird die Situation noch verschärfen. Wenn Autos wie Blei in den Regalen liegen, dann dürfte der ein oder andere traditionelle Hersteller schnell in die roten Zahlen rutschen. Bei Volkswagen kündigt sich das schon an. Während der Konzern beeindruckende Verkaufszahlen für den ID.3 vermeldet, verkauft sich der Elektrokleinwagen aber nur schleppend. Beim ID.3 verkaufte Volkswagen 48,7 Prozent an sich selbst oder an Autovermieter wie seine Tochter WeShare, von wegen E-Auto-

Bestseller. Taktische Zulassungen wird diese Praxis genannt, denn damit schönt VW nicht nur die Verkaufsstatistik, sondern spart auch Strafzahlungen wegen Nichteinhalten der Flotten-CO2-Emissionen. Noch schlimmer sieht es beim Audi e-tron aus: 60,2 Prozent taktische Zulassungen. Porsche Taycan: 47,5 Prozent. Es ist auch kein Wunder, wenn sich der Verkauf für die Autohändler nicht lohnt. Die Verkaufsprovisionen für einen ID.3 sind deutlich niedriger als für einen Golf. Während Händler für den Verkauf eines Verbrenners 14 Prozent Umsatzbeteiligung erhalten, sind es für einen ID.3 nur sechs Prozent. Mercedes schießt allerdings noch den Vogel ab und hat aus der Not eine Untugend gemacht. Wer sich einen elektrischen Mercedes EQA konfiguriert, bekommt ungefragt Verbrenner empfohlen, die sofort lieferbar seien. Die Lieferzeit des elektrischen EQA erfährt man „auf Anfrage“. Das ist einfach nur schlimm. Die Botschaft an den Interessentenkreis: Wir wollen nicht! Und das gilt auch für die Provisionsregeln bei Volkswagen und für die Strompreise an den Ladesäulen. Während Tesla 37 Cent pro Kilowattstunde verlangt, sind es bei Volkswagen im Ionity-Schnellladenetz, also dem, das von Volkswagen als Teilhaber mitbetrieben wird, 79 Cent. Nur mit einer zusätzlichen Grundgebühr sinken die Preise. (Stand Mai 2021). Bei Volkswagen ist die Abteilung für die Ladeinfrastruktur ein Profitcenter, das verdienen muss. Bei Tesla gilt das Ladenetz als Subvention für den Autoverkauf. Deswegen gab es bei Teslas lange Zeit autolebenslanges Gratisladen mit dem Autokauf. (Meine Gebrauchtwagen-Kaufempfehlung ist deshalb ein Model S mit solchem unbegrenzten kostenlosen Laden.) Wie kann man nur ein Angebot auf den Markt bringen, mit dem man nicht konkurrenzfähig ist? In Start-up-Denglisch würde man das als schlechtes Mindset bezeichnen. Hinzu kommt die Situation der Autohäuser, die damit in die gleiche Falle tappen. Werkstätten an jeder Ecke rentieren sich nicht mehr, wenn Wartung, Ölwechsel und Reparaturen immer seltener werden. Und die Werkstätten sind ein riesiges Profitcenter der Händler. Bei Tesla sind es Costcenter und dort will man die Fahrzeuge am liebsten gar nicht sehen. Sprich: Die Autohäuser werden mit immer mehr Elektroautos auf den Straßen durch immer weniger ausgelastete Werkstätten in die Insolvenz getrieben. Und die niedrigen Provisionen geben ihnen den Rest. Außerdem werden, um die alten Autos noch warten zu können, die unabhängigen Werkstätten an Bedeutung gewinnen. Das gräbt die Kundschaft dann von der anderen Seite her ab. Die Vertragshändler werden kaum noch eine Möglichkeit haben, rentabel zu wirtschaften. Denn der Verkauf ist mit den vielen Rabatten, die in Zukunft eher mehr als weniger werden, keine Goldgrube. Und der Wartungsbedarf für Elektroautos kann ja nicht grundlos in die Höhe getrieben werden. Die Werkstätten werden mit jedem Elektroauto auf den Straßen überflüssiger. Das ist noch ein Kapitel der Tesla-Falle. Wenn aber die Autohäuser Stück für Stück langsam verschwinden, weil sich das Geschäft einfach nicht mehr lohnt, dann können die Hersteller auch keine Autos mehr verkaufen. Wahrscheinlich ist das ein Szenario der etwas ferneren Zukunft. Aber je mehr Elektroautos auch von VW, BMW und Audi auf den Markt kommen, desto realistischer wird es. Noch werden viele dieses Szenario für vollkommen übertrieben halten. Man sollte sich dann aber mal das schnelle Ende des Röhrenfernsehers vor Augen führen und was in der Folge mit Sony passiert ist. Und Sony hatte nicht so große Klötze am Bein wie traditionelle Autohersteller heute. Dem Elektronikhersteller geht es alles andere als gut. Gerade wird die Handysparte geschlossen. Und jetzt will Sony übrigens auch ein Elektroauto auf den Markt bringen. Man könnte es den Mut der Verzweiflung nennen.

Die unglaubliche Reise in einem total verrückten Elektroauto

Wie unaufhaltsam der Siegeszug der Elektroautos ist, zeigt sich heute schon bei den Taxiunternehmen zum Beispiel am Amsterdamer Flughafen. Hier ist die Taxispur ein beliebtes Fotomotiv. Da stehen nämlich fast ausschließlich Tesla-Fahrzeuge. Für Taxiunternehmen sind Teslas tatsächlich Gamechanger. Die Anschaffungs- und Wartungskosten pro Kilometer sind so viel niedriger als bei einem Verbrennerfahrzeug, dass es sich mehr als lohnt.

Auf der Fahrt nach Tilburg trafen wir an einem Supercharger in Belgien eine Taxifahrerin, die für eine längere Strecke zwischenlud, und das mit einem Fahrgast. In Deutschland, habe ich den Eindruck, wäre ein Fahrgast, der geduldig das Aufladen abwartet, undenkbar. Mobilität scheint hier immer mit Leistung und Stress zu tun zu haben. Unter Videos zum Thema auf meinem YouTube-Kanal oder auf TikTok diskutiere ich immer wieder den Nachteil von Elektroautos, dass man damit (noch) nicht 800 Kilometer am Stuck fahren kann, dann fünf Minuten tankt und dann weiterbrettert. Davon abgesehen, dass man das gar nicht darf, weil man ja nach 800 Kilometern am Stück nicht mehr fahrtüchtig sein kann: Haben die Leute keinen Stoffwechsel? Essen die nicht? Es gibt also zwei Punkte: Zum einen ist das Szenario komplett unsinnig und gefährlich und zum anderen ist es auch einfach unrealistisch. Niemand, der auch nur einigermaßen bei Verstand ist, macht so etwas. Pausen sind wichtig und auch durch Paragraph 1 der Straßenverkehrsordnung gefordert. Und ja, man kann mit meinem Model S und sehr kurzem Aufladen die 600 Kilometer von Berlin nach Köln durchfahren. Aber auch da sollte man eine kurze Pause einlegen und nicht nur laden. Mal kurz die Beine vertreten usw. Und wenn man diese realistischen Annahmen zugrunde legt, dann stehen moderne Elektroautos den Verbrennern heutzutage in nichts nach. Wenn ich zum Zwischenladen kurz Pause mache, auf die Toilette gehe und etwas esse, habe ich bisher immer länger gebraucht, als das Zwischenladen dauert. Und auf längeren Strecken übernachte ich sowieso an einem Supercharger, die es ja auch an vielen Hotels gibt, und so fallen dann die längeren La-

dezeiten überhaupt nicht ins Gewicht. Die Pausen so einzulegen ist nahezu perfekt und sorgt auf längeren Strecken genau für die richtige Entspannung, um auch fahrtüchtig zu bleiben.
Und selbst hier beim belgischen Taxi waren Taxifahrerin und Fahrgast ganz entspannt. Es gibt nämlich in den allermeisten Fällen auf längeren Strecken gar keinen Grund, in Hektik zu verfallen. Den Fahrgast hat das viertelstündige Zwischenladen überhaupt nicht gestört und die Taxifahrerin war auch ganz gelassen und mit ihrem Model 3 mehr als glücklich. Ebenso wie der Inhaber des Taxiunternehmens wohl, der seine ganze Flotte im Laufe der Zeit auf Tesla umgestellt hat. Auch für ihn waren die deutlich niedrigeren Kosten bei Tesla ausschlaggebend. Zudem seien die Fahrzeuge deutlich sicherer, so die Fahrerin, was wiederum von der Kundschaft begrüßt wird. Eine typische Win-win-Situation also. Und das Model 3 steht dem Model S kaum in etwas nach. Im Gegenteil: Es ist sogar eine technische Weiterentwicklung.

Tesla Hauptgebäude Tilburg
Foto: Jakob Härter

9

Geht nicht gibt's nicht

Das Thema der Innovationsverhindernden beschäftigt mich seit meinem ersten Arbeitsplatz beim WDR, dem Westdeutschen Rundfunk, immerhin vor der BBC die größte Rundfunkanstalt in Europa. Mit 21 fing ich dort im Landesstudio Köln erst beim Radio, später dann beim Fernsehen an. Und irgendwann bemerkte ich ein Ritual in der Fernsehredaktion. Themen wurden immer mit zwei Argumenten abgeschmettert. Entweder hieß es „Das haben wir schon gemacht!" (und das hat nicht funktioniert) oder „Das haben wir noch nie gemacht!" (und deshalb kann das nicht funktionieren). Damals machte ich mir ein Pappschild mit den beiden Sätzen jeweils auf der Vorder- und Rückseite. Nach einer Redaktionssitzung, in der ich das Schild immer mit der entsprechenden Seite hochhielt, wenn eines der Argumente kam, war das Thema gegessen. Von da an wurde unsere Redaktion tatsächlich innovativer und es wurde mehr probiert. Dieser Freiraum eröffnete mir den Weg, an den innovativsten und erfolgreichsten Projekten im deutschen Fernsehen mitzuarbeiten, angefangen bei High live, der längsten Jugendsendung Europas vom Berliner RIAS-TV, über Schreinemakers live, einer der erfolgreichsten Fernsehsendungen in den 90er Jahren, bis zu Parlazzo, der Medienshow im WDR, die später dann durch Innovationsarmut im Quotenloch beerdigt wurde.
Meine Erkenntnis aus dieser Zeit: Kontinuität entsteht nicht aus Kontinuität, sondern aus Innovation. Nur wer eine Innovationskultur etabliert, der kann überleben. Bezogen auf das Fernsehen war es dann die Finanz- und Wirtschaftskrise, die im Zuge des 11. September zum Niedergang führte. Die Zeiten des großen innovativen Fernsehens waren vorbei. Jetzt musste gespart werden, und noch bis zum 25. September 2016 war die 1996 gestartete Sendung „Zimmer frei!" das innovativste Angebot des Senders. Die Privatsen-

der gingen einen ähnlichen Weg und so gab es für mich in der Fernsehbranche keinen Blumenpott mehr zu gewinnen. 2008 startete ich mein eigenes Online-Video-Format mit Clixoom – Die Online-Talkshow. Und dieses Mal kamen nur die Leute aus ihren Löchern mit dem Spruch „Das haben wir noch nie gemacht!" (und deshalb kann das nicht funktionieren). Es wurde ein Riesenerfolg und es folgte die Gründung eines YouTube-Netzwerkes, der VideoDays, Deutschlands größter YouTube-Veranstaltung, sowie der Community Editions, eines Verlages, der Bücher mit Influencern veröffentlicht. Es war die erfolgreichste Verlagsgründung der letzten Jahre und der Grund, warum ich jetzt ein Model S fahren kann. Vielen Dank an die Kolleginnen und Kollegen dort, bei Vemag und Bastei Lübbe, für die Unterstützung bei diesem Projekt! Aber hätte ich auf all die zweifelnden und skeptischen Leute gehört, hätte ich eine unglaubliche Zeit verpasst und wäre nicht Teil einer Medienrevolution gewesen. Ich habe nicht das Rad neu erfunden, aber das haben vielleicht andere Leute – und auf die sollten wir hören und nicht auf diejenigen, die die Zukunft schlechtreden.

Steve Jobs meinte einmal zum Thema Marktforschung: Hätte er sie angestellt, so wäre kein einziges Produkt von Apple jemals entstanden. Und recht hatte er. Als der Personal Computer kurz vor seinem Siegeszug stand, hieß es noch, dass niemand so etwas zuhause gebrauchen könne, da niemand diese (damals noch sehr schwache) Rechenleistung benötige. Ken Olsen, Gründer der Computerfirma Digital Equipment Corp., machte 1977 die wenig visionäre Aussage: „Es gibt keinen Grund, warum irgendjemand einen Computer in seinem Haus haben wollen würde." Da hat er sich geirrt, und zwar massiv. Offensichtlich fehlte es diesen Voraussagen an Phantasie. Und dann kam der Apple I und danach der erste Rechner für die

Massen, der Apple II, und damit VisiCalc, das erste Tabellenkalkulationsprogramm. Eine absolute Revolution, ein Taschenrechner auf einem virtuellen Blatt Papier, mit dem man Formeln und Werte überall und jederzeit ändern konnte. Mit diesem Programm zeigte der Computer, warum er ein Gerät für jede Person ist. Steve Jobs und Steve Wozniak hatten etwas auf den Markt gebracht, das niemand brauchte, und verkauft. Die Zweifelnden hatten gezaudert und sich das Geschäft des Jahrhunderts entgehen lassen.

Heute gehört der Computer zu unserem Alltag und als Smartphone tragen wir ihn ständig bei uns. Wir schreiben damit Dokumente und versenden sie direkt, wir kaufen ein, wir lesen, hören, schauen Videos, drehen Videos und machen Fotos, wir suchen sogar die große Liebe damit. In den 70er Jahren war das noch absolut unvorstellbar und bei einer Umfrage hätte niemand auch nur im Entferntesten an dieses Produkt und seine Möglichkeiten gedacht. Sprich: Wenn wir nur das für die Zukunft prognostizieren und in Angriff nehmen, was uns möglich erscheint, dann würden wir womöglich noch im Mittelalter leben. Wir brauchen also die Innovation, wir brauchen Menschen, die Visionen haben. Und wer Menschen mit Visionen, wie Helmut Schmidt einmal, zum Arzt schicken will, der hat die Triebfeder unserer Zivilisation nicht verstanden. Ohne Innovation werden wir nicht überleben. Und das zeigt sich in Zeiten des Klimawandels auf beeindruckende Art und Weise. Wer hier Teil des Problems und nicht Teil der Lösung sein will, der macht sich schuldig am Tod und Elend von Millionen Menschen. Manchmal verzweifle ich an der Ignoranz der Menschen.

Wir brauchen diese Menschen heute dringender denn je und wir brauchen ihre kühnen Projekte, mit denen sie an die Grenzen des Scheiterns gehen. Menschen wie diese haben in den letzten 150

Jahren immer wieder für bahnbrechende Entwicklungen gesorgt oder ihre Grundlagen entwickelt. Nikola Tesla, die Gebrüder Mannesmann, Albert Einstein, Marie Curie und, und, und. Allen ist gemeinsam, an die Grenzen zu gehen, nicht aufzugeben und diese Grenzen auch einmal zu überschreiten. Elon Musk hat gleich zwei Dinge vollbracht (und ist mit Neuralink bereits beim dritten). Er hat es geschafft, die Raumfahrt mit SpaceX durch dramatische Kostensenkungen viel billiger zu machen und damit komplett andere Projekte zu ermöglichen. 2020 startete er schnelles Internet für die USA und 2021 weltweit mit Hilfe einiger hundert seiner Starlink-Satelliten, von denen er mit seinen Falcon-Raketen tausende und am Ende zehntausende in den Erdorbit bringen will. Er baut mit der Falcon Heavy die zurzeit stärkste Rakete der Welt.

Und den Automobilbau revolutionierte er mit Tesla. Er schuf das erste wirklich praxistaugliche Elektroauto. Schneller als alle anderen Hersteller identifizierte Tesla das Hauptproblem, die Batterie, bei der Elektromobilität und löste es mit einem ausgeklügelten Batteriemanagementsystem. Die Batterien eines Teslas verlassen niemals den optimalen Temperaturbereich, halten deshalb deutlich länger als andere Entwicklungen und stellen dauerhaft optimale Fahrleistungen sicher. Tesla hat seine Patente freigegeben. Andere Produzenten können ihre Technologien jetzt darauf aufbauen, was die Innovationen in diesem Bereich erst möglich gemacht hat (aber scheitern auf ganzer Linie).

Doch wie kann das sein? Es ist für mich zumindest offensichtlich, was hier nötig und möglich ist. Da sind sie wieder, die Leute mit den beiden Sätzen auf dem Schild: „Das haben wir schon gemacht!" (und das hat nicht funktioniert) oder „Das haben wir noch nie gemacht!" (und deshalb kann das nicht funktionieren). Edzard Reuter, ehemaliger Daimler-Chef sagte 2015 über Tesla: „Tesla? Das ist doch ein Witz!" Ihm dürfte das Lachen über diesen Witz inzwischen vergangen sein. Damals arbeiteten die Ingenieurinnen und Ingenieure bei Daimler, Volkswagen usw. bereits lieber an Betrugssoftware, um die Lüge aufrechtzuerhalten, dass Verbrennungsmotoren wenig Schadstoffe ausstoßen. Das muss man sich mal vor Augen führen: Statt eine Lösung für den Klimawandel zu finden und wirklich umweltschonende PKW zu bauen, betrogen die Entwicklungsabteilungen lieber ihre Klientel und die gesamte Gesellschaft und nahmen, zumindest statistisch, deutlich mehr Tote in Kauf, als ihnen erlaubt war.

Wie bei Tesla: Batteriezellen im Boden des ID.3 *Grafik: Volkswagen*

Für den deutschen Dieselskandal dürften es etwa 10.000 Tote mehr gewesen sein durch den erhöhten Stickoxidausstoß.
Es geht darum, innovative, wirklich bahnbrechende Visionen zu entwerfen und sie auch in die Tat umzusetzen. Und Bedenken sind dann nicht dazu da, ein Projekt für unrealisierbar zu erklären, sondern die Rahmenbedingungen zu definieren und die Herausforderungen einzugrenzen. Ein gutes Beispiel dafür ist das iPhone. Nach seiner Präsentation verstiegen sich, wie schon erwähnt, einige Mobiltelefonhersteller sogar dazu, Steve Jobs eine große Lüge zu unterstellen. Sie hielten es für ausgeschlossen, dass die nötige Technik überhaupt in ein solch kleines Gehäuse passen würde. Und das waren keine Außenstehenden, sondern absolute Expertinnen und Experten in diesem Bereich. Unsere Erfahrung ist eben nur begrenzt und wir können uns nicht auf sie verlassen, wenn neue Wege gegangen werden. Menschen, die nicht neu denken können, sind da vom Aussterben bedroht. Denn die Welt funktioniert anders, als sie denken. Wer die Welt in dem kleinen Ausschnitt sieht, in dem er erwachsen wird, daraus Lehren zieht und diese dann für unumstößlich hält, wird in einer Zeit, in der sich die Welt so schnell entwickelt, nicht mehr bestehen können. Auch wenn diese Menschen in Form von alten weißen Männern und Verschwörungstheoretikern versuchen, die Welt zu deuten. Um die Deutungshoheit zu behalten, haben sie sogar versucht, dieses Buch zu verhindern, weil sie sich mit Händen und Füßen gegen die Veränderung wehren. Sie werden scheitern, weil die Wirklichkeit sie überrollen wird.

Semi

Mit dem Semi zeigt Tesla seine ganz großen Ambitionen. Anders als Audi oder BMW und zahlreiche andere Fahrzeughersteller, die es bei der PKW-Produktion belassen, will Tesla im wahrsten Sinne des Wortes am ganz großen Rad drehen und den LKW-Markt umkrempeln. Und obwohl Tesla zum Zeitpunkt der Präsentation des Semis 2017 schon mehr als zehn Jahre existiert hatte, hat auch hier kein Konkurrent, wie Mercedes, MAN oder Scania, die Chance genutzt, selbst einen Elektro-LKW zu entwickeln. In Deutschland wird stattdessen die Stromversorgung mit Oberleitungen getestet. Dabei zeigt sich, wie wenig Batterie-Know-how hier vorhanden ist, denn der Semi demonstriert mit seinen beeindruckenden Daten, dass ein batteriebetriebener LKW gar keine Herausforderung mehr ist. Der Semi ist für Speditionen ein sehr interessantes Fahrzeug. Die Leistungsdaten eines Semis sind nämlich erstaunlich: Allein dadurch, dass ein Semi einfach schneller am Ziel ist, entstehen erhebliche Kosteneinsparungen. Ohne Anhänger beschleunigt ein Semi in 5 Sekunden von 0 auf 100 km/h, dreimal schneller als ein Diesel-LKW. Mit Anhänger braucht er 20 Sekunden. Bei einem Diesel-LKW ist es rund eine Minute. Möglich macht das ein deutlich geringerer cw-Wert von 0,36. Das ist der Luftwiderstandsbeiwert, er zeigt neben der Stirnfläche eines Fahrzeugs, wie windschlüpfrig ein Fahrzeug ist. Außer seiner optimierten Form sorgt auch ein absolut glatter Boden für diesen guten Wert. Zudem ist der Semi am Berg deutlich schneller als ein Diesel-LKW. Dies verdankt er insgesamt vier Motoren, die an den beiden Hinterachsen montiert sind. Außerdem verfügen Elektromotoren in einem viel größeren Drehzahlbereich über das volle Drehmoment. Die Reichweite beträgt 800 Kilometer, und 640 Kilometer Reichweite können in 30 Minuten nachgeladen werden. Dazu soll ein Megacharger-Netzwerk aufgebaut werden. Von zentraler Bedeutung werden aber wohl Ladestationen am Abfahrts- und Ankunftsort sein, so dass während des Be- und Entladens Strom getankt werden kann. Damit hätte ein Semi sogar einen entscheidenden Zeitvorteil gegenüber einem Diesel-LKW, bei dem die Treibstoff-Betankung mitunter eine Viertelstunde dauert. Walmart Canada hat im Herbst seine Bestellung von zehn Semi verzehnfacht. Das Unternehmen will möglichst schnell klimaneutral werden und das ist für ein Einzelhandelsunternehmen nur mit elektrischen LKW möglich.

Und ähnlich wie beim Verbrenner-PKW hat ein Elektro-LKW konstruktionsbedingt erhebliche Vorteile gegenüber einem Diesel-LKW. Das fängt bei der Wartung und den Reparaturen an, für die wegen der starken Beanspruchung bei einem Diesel-LKW durchaus fünfstellige Summen pro Jahr anfallen können. Bei LKW spielen sie eine noch größere Rolle als bei PKW. Neben den erheblichen Kosten für den Treibstoff machen Wartung und Reparaturen einen der größten Kostenfaktoren aus. Und wie wir von den Tesla-PKW inzwischen wissen, sind deren Kosten deutlich niedriger als bei Verbrenner-PKW. Und auch beim Semi dürften sie extrem niedrig sein. Den Strom können Großverbraucher wie Walmart deutlich preiswerter einkaufen, so dass auch hier Einsparungen von 75 Prozent und mehr möglich sind. Elon Musk geht deshalb davon aus, dass sich die Mehrkosten eines Semis, der zwischen 150.000 und 200.000 Dollar kosten soll, schon nach zwei Jahren amortisiert haben. Ab dann fährt der Semi mehr Geld als ein Diesel ein. Ein verlockendes Angebot für alle Industrieunternehmen, denn zusätzlich zum verbesserten Image gibt es auch noch deutliche Einsparungen. Und da Unternehmen anders als Verbraucherinnen und Verbraucher eher zu rationalen Entscheidungen neigen, dürfte der Semi, wie bei Taxiunternehmen die Tesla-PKW, so manchen LKW-Fuhrpark dominieren. Zudem ist der Semi durch den Tesla-Autopiloten weitaus sicherer. Der Mensch am Steuer wird überwacht, und schläft er wegen Übermüdung ein, was eine der häufigsten Ursachen für LKW-Unfälle ist, übernimmt der Autopilot komplett die Kontrolle und stoppt den LKW. Sollte es ein medizinischer Notfall sein, wird automatisch ein Notruf abgesetzt.

Semi

Foto: Steve Jurvetson

Die unglaubliche Reise in einem total verrückten Elektroauto

In Tilburg angekommen schleppten wir erstmal die zahlreichen Umzugskisten aus dem riesigen Kofferraum und meine Tochter packte sie aus. Tilburg ist eine wirklich malerische kleine niederländische Stadt mit insgesamt rund 200.000 Menschen, die dort leben. Trotzdem wirkt sie viel kleiner, und wenn meine Tochter zum Beispiel über die Uniforen nach gebrauchten Lehrbüchern sucht, dann muss sie meistens weniger als 100 Meter laufen, um sie bei einer Kommilitonin abzuholen. Tilburg hat dann doch einen ziemlich dörflichen Charakter. Bekannt wurde die Gemeinde dank einer Reform, die dazu führte, dass die Stadtverwaltung so effektiv wie ein Unternehmen geführt wird. Vielleicht war das der Grund, warum Tesla sich hier als Erstes in Europa

Riesige Tesla-Halle in Tilburg Foto: Christoph Krachten

ansiedelte. Denn als wir nachmittags dann zu Tesla herausfuhren, wurden wir von Gebäudekomplexen überrascht, die absolut gigantisch sind. Scheinbar sind dort unter dem Radar in den letzten Jahren riesige Hallen hochgezogen worden, die gemeinsam mit einer bereits bestehenden Fabrik locker einer Gigafactory entsprechen. Zusammen dürften die Hallen auf eine Länge von einem Kilometer kommen. Hier scheint alles bereit zu sein, eine weitere Fabrik zu eröffnen. Niemand kann dazu etwas sagen. Es ist relativ rätselhaft, was Tesla dort auf diesen riesigen Flächen macht. Offiziell wurden hier bis Anfang 2021 Model S und Model X für den europäischen Markt aus Fahrgestell und Karosserie zusammengebaut. So stellen die beiden Einheiten keine Autos dar, sondern Autoteile – und für die gelten niedrigere Zölle. Aber dafür dürften nicht solche Gebäudekomplexe benötigt werden. Und selbst dieses Projekt wurde für die neuen Modelle beendet. Was hat Elon Musk also mit den riesigen Flächen in Tilburg vor? Laut Informationen aus der Logistikbranche ist dort mit der zweiten großen Halle ein Teilelager entstanden. Doch ein so großes Teilelager für einen Fahrzeugproduzenten, der einen immer geringeren Ersatzteilbedarf hat und zudem seinen Service auch immer weiter in diese Richtung optimiert, macht nur wenig bis gar keinen Sinn. Warum expandiert Tesla in Tilburg so? Man weiß nichts Genaues über die Bauten dort. Selbst der zuständige Stadtrat wurde nicht informiert. Überhaupt scheint Tesla bei seinen Fabriken trotz des hohen Tempos beim Bau lieber zu untertreiben oder lässt die Katze sehr spät aus dem Sack bzw. lenkt die Aufmerksamkeit im Falle der Fabriken lieber auf die Gigafactories, von denen es drei gibt und zwei weitere gebaut werden. Doch in der Realität scheint Tesla über deutlich mehr Immobilien zu verfügen. In Berlin wurde das Versteckspiel jedenfalls aufgedeckt. Die im Bauantrag benannte angebliche Lagerhalle ist gar keine

Lagerhalle, sondern hier baut Tesla schon jetzt die größte Batteriefabrik der Welt. Elon Musk hatte die Fabrik zwar angekündigt, aber zunächst den Eindruck erweckt, dass diese Fabrik in einem neuen Gebäude entsteht. Er hatte verschwiegen, dass die Lagerhalle einfach umgewidmet und die Batteriefabrik damit viel früher fertig wird als vermutet. Eine weitere Tesla-Falle, um die Konkurrenz in Sicherheit zu wiegen?

Macht Musk trotz aller Superlative Tesla kleiner, als es ist? Für 2021 kündigte er zum Beispiel an, 750.000 PKW zu produzieren. Fachleute rechnen mit deutlich höheren Zahlen, denn die Gigafactory in China soll allein 550.000 Autos herstellen. Und schon im ersten Vierteljahr 2021 hat Tesla die Erwartungen mit mehr als 180.000 Fahrzeugen übertroffen. Hinzu kommen Fremont, Nevada, Grünheide und Texas. Denkbar ist, dass Tesla 2021 in Regionen großer Automarken wie BMW oder Mercedes vordringt und zwischen einer und zwei Millionen Autos produziert. 2022 würde Tesla dann mit der angekündigten Gigafactory in Indien diese Premiumhersteller überholen und zu einem der großen Player im Automobilbau werden. Aus einem Witz wurde Ernst und der lehrt die Konkurrenz jetzt das Fürchten.

Bildnachweise

Seite 13 Teslas laden an Superchargern Foto: Christoph Krachten
Seite 16 Der CityEL Foto: Christoph Krachten
Seite 21 Tesla Store München Foto: Tesla Motors Inc.
Seite 24 Tesla Roadster 2008 Foto: IFCAR
Seite 26 Tesla Roadster 2020 Foto: Smnt (CC BY-SA 4.0)
Seite 29 Tesla Model Y als Zuschauerkabinen auf dem Battery Day Foto: Alexander Voigt
Seite 35 Model S lädt vor dem Gasometer in Berlin Foto: Christoph Krachten
Seite 39 Ladestopp bei der Tour de Ruhr Foto: Christoph Krachten
Seite 41 Tesla Model S Lehmmodell Foto: Steve Jurvetson (CC BY 2.0)
Seite 43 Model S als Notarztwagen Foto: Gökhan Altincik
Seite 45 Der Wahnsinns+-Modus auf dem Display Foto: Daniel Schmidgen
Seite 47 Routenberechnung mit mit Superchargern Foto: Christoph Krachten
Seite 50 Model S Prototyp 2010 Foto: Steve Jurvetson (CC BY 2.0)
Seite 55 Grafik: Tesla
Seite 59 Tesla-Werkstatt Foto: Tesla
Seite 63 Foto: unbekannt
Seite 65 Hotzenblitz Foto: Christoph Krachten
Seite 67 tzero - Der erste "Tesla" Foto: Pete Gruber
Seite 69 Die Batteriepacks des Tesla Roadsters Foto: Pete Gruber
Seite 73 Model X Foto: Tesla
Seite 75 Gerne lehne ich mich mal aus dem Fenster Foto: privat
Seite 77 Auf freiem Feld - Lagerung und Auslieferung bei TeslaFoto: Sabine Beikler / Der Tagesspiegel
Seite 78 Filterkaffee im Pförtnerhäuschen Foto: Christoph Krachten
Seite 85 Löschdecke für Elektroautos Foto: Klaus J. Harm
Seite 86 Autobahnbaustellen sind ein Problem für den Tesla Autopiloten Foto: Erich Westendarp
Seite 89 Automatisches Überholen Foto: Christoph Krachten
Seite 92 Zappenduster im Cockpit bei 130 km/h Foto: Christoph Krachten
Seite 97 Model 3 bei seiner Vorstellung am 31. März 2016 Foto: Steve Jurvetson (CC BY 2.0)
Seite 101 Model 3 Foto: Christoph Krachten
Seite 105 Autowerkstatt Foto: Lara Shpineva
Seite 108 Abgase da wo Menschen sind Foto: Khunkorn Laowisit

Quellen und Links

Bei vielen Fakten in diesem Buch werden manche vielleicht stutzig und möchten es gerne überprüfen. Deshalb habe ich die Quellen anklickbar online auf einer Seite zusammengefasst.

Der Link ist nuvarande.de/quellen-tesla

Christoph Krachten
PER AUFZUG IN DEN WELTRAUM
EXPEDITIONEN IN DIE NAHE ZUKUNFT
ro ro ro
clixoom
science & future